D1691965

Erich Preuß

Beruf Lokführer

Erich Preuß

BERUF

Einbandgestaltung: Luis dos Santos

Titelbild: Wer möchte nicht gern mit dem Lokführer auf der modernen Dispolok ES 64 U2-026 vom Typ Taurus mit bis zu 230 km/h über die Neubaustrecke von Nürnberg nach Ingolstadt fahren? Klimatisierte Führerstände auf modernen, schnellen Lokomotiven machen die verantwortungsvolle Arbeit der Triebfahrzeugführer heute körperlich leichter als noch zu Dampflokzeiten.
Foto: Uwe Miethe

ISBN 978-3-613-71414-4

1. Auflage 2011

Sie finden uns im Internet unter www.transpress.de

Lektor: Hartmut Lange
Innengestaltung: Jürgen Knopf
Repro: Medien und Printprodukte, 74321 Bietigheim
Druck und Bindung: LEGO s.p.A., 36100 Vicenza
Printed in Italy

Vorwort

Wer wird noch Lokomotivführer werden, wenn er das gelesen hat, fragte mich jemand, der das Manuskript kritisch durchgesehen hatte. Ich bin trotzdem gern Lokomotivführer, meinte ein Anderer nach der Vorab-Lektüre. Und solche, die nur von dem Buchprojekt erfuhren, winkten ab, aha, eine Werbung für die Deutsche Bahn!

Nein, das ist sie nicht, vielmehr soll sich das Buch von den nostalgischen Erinnerungen der Lokomotivführer unterscheiden, die ihr Arbeitsleben noch auf den Dampflokomotiven verbrachten. Die Arbeitswelt ist längst eine andere geworden, und die gilt es zu erklären. Zu erklären jenen, die Lokomotivführer werden möchten, als Beruf und womöglich als Berufung.

Der Weg zu diesem Ziel wird ungeschminkt erklärt, mag das auch nicht jedem gefallen. Dass das jenseits von Marketing und Werbung von Eisenbahnunternehmen möglich wurde, ist einigen Fachleuten zu verdanken, die mir mit Rat und Tat zur Seite standen. Ich nenne Matthias Laatsch von der DB-Konzernkommunikation und seine »Zuarbeiter« von DB-Training, Stefan Mousiol von der Gewerkschaft Deutscher Lokomotivführer, Wolfram Bäumer und Günther Steinhauer vom Verband Deutscher Museums- und Touristikbahnen, Lokomotivführer Gerald Herberger, Altenburg, die Fotografen, die bei den Bildunterschriften genannt sind, sowie die aktiven Lokomotivführer und Angestellten bei DB-Netz in Berlin, Cottbus, Hamburg und Leipzig, die namentlich nicht genannt sein wollten.

Möglicherweise stört sich jemand an den Bezeichnungen der DB-Tochtergesellschaften. Der Verzicht auf die Bindestriche (DB Schenker Rail zum Beispiel) ist eine Marotte der Werbefirmen, von denen ich mir nichts absehe.

Erich Preuß

Inhalt

Im Abendlicht besteht noch weite Sicht. Bei Villach West 2008. Foto: Emersleben

1. Ein Traumberuf und nichts zum Träumen

Der Lokomotivführer einst und jetzt

Vor über 150 Jahren wurden die Lokomotivführer bereits bewundert. Sie erschienen als Sinnbild des neuen Landverkehrsmittels. Der erste in Deutschland kam samt der Lokomotive aus England. Der 28-Jährige William Wilson war ebenso berühmt, wie die Lokomotive »Adler«. Beide wurden in Bildern verewigt, er im Gehrock und mit dem Zylinder auf dem

Das Kraftpaket ICE-1 mit 4.800 kW Leistung ist in Mering zwischen München und Augsburg unterwegs (2011). *Foto: Thales*

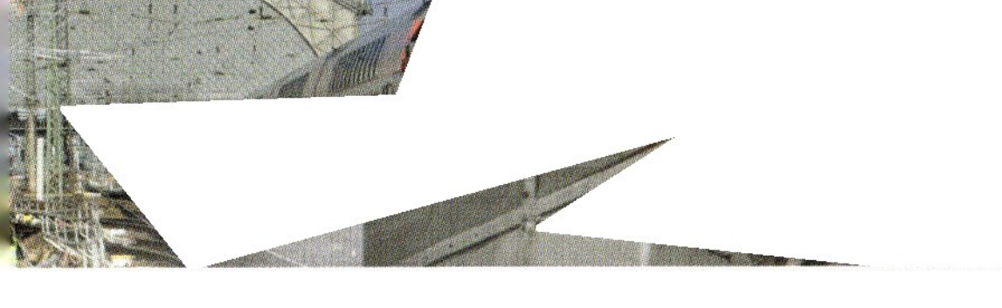

1982, als dieser Lokomotivführer unterwegs war, tobte und stampfte kaum noch eine Maschine; er hörte eher das Aufheulen und Brummen der Dieselmotore. *Historische Sammlung der DB*

Kopf, wie er 1835 bei der Jungfernfahrt von Nürnberg nach Fürth seines Amtes waltete. Einmal Lokomotivführer werden und es sein, einmal das Fahrgefühl zu erhalten, die schwere mobile Dampfmaschine in Gang zu setzen und dann die Schienenkilometer zu fressen - das faszinierte seit jeher und fast jeden. Und man hörte dem Stampfen und Toben der Dampfmaschine vom bequemen Sitz im Wagen aus zu und fragte sich, was mögen die beiden Männer, der Führer und der Feuermann, da vorn wohl tun und empfinden?

Immer noch ergreift eine Anzahl von Leuten, männliche und inzwischen auch Frauen, den Beruf des Lokomotivführers. Was ist geschehen, dass zumindest einige von ihnen sagen: »Für mich war es ein Traum, inzwischen ist er zum Alptraum geworden!« Selbst die Gewerkschaft Deutscher Lokomotivführer verwendet diese Formulierung. Steckt in diesem bitteren Satz Resignation oder Wichtigtuerei, ist der Wandel in eine neue Zeit so unbekömmlich, oder ist der in die Jahre gekommene Lokomotivführer müde geworden?

Den Widerspruch zwischen der Auffassung, wie schön der Beruf sei, und der andersgearteten Wirklichkeit kennt man in jedem Beruf. Der begeisterte Musiker stellte sich im Studium gewiss etwas anderes vor, als den »Dienst« im Orchestergraben. Wollte er nicht Solist oder bejubelter Dirigent werden? Der Medizinstudent sah sich als bewunderter Retter von Kranken und nicht als Teil eines Systems der Bürokratie und der Routine im Krankenhaus. Den »Ernst des Lebens« lernt man immer erst später kennen.

Um auf den Lokomotivführer zurück zu kommen: Der Außenstehende kennt ja nicht die Pflichten und körperlichen Anstrengungen und auch nicht die Langeweile während einer Schicht. Ihn beeindruckte und beeindruckt, dass der Lokomotivführer das Wunderwerk mobiler Dampfmaschine oder das Riesenpaket elektrischer und elektronischer Technik beherrscht, wie er »blind« in die Nacht fährt. Dabei lenkt er nicht einmal, der Schienenstrang steuert den Weg des Zuges. Der Lokomotivführer sieht, wenn er die entsprechende Geschwindigkeit fährt, nicht so weit, wie er zum Anhalten bremsen kann. Er hatte nicht einmal Scheinwerfer, die so weit leuchteten. Die Funzeln der Lokomotiven und Triebwagen reichten nur ein paar Meter weit. Umstritten war, ob das Triebfahrzeug überhaupt Scheinwerfer braucht. Bahntechniker meinten, auch der am weitesten leuchtende kann nicht den gesamten Bremsweg erhellen, nicht die weit über 1000 Meter nötige Entfernung, wenn mit 200 km/h Geschwindigkeit gefahren wird. Für Kraftfahrer sind die verkürzte Sicht und derart lange Bremswege undenkbar. Mitunter, selbst bei Gericht, muss auf den Unterschied Eisenbahn – Landverkehr aufmerksam gemacht werden, wenn es um die Fahrdynamik und die Bremswege geht. Lokomotivführer oder Triebfahrzeugführer zu sein, ist eben etwas anderes als der Führer eines Kraftwagens.

Die scheinbar formale Veränderung der Berufsbezeichnung wollten viele nicht hinnehmen. Die Bürokratie meinte, wer auch oder nur Triebwagen führt, kann nicht als Lokomotivführer bezeichnet werden. Der Triebfahrzeugführer sollte der Oberbegriff sein für beide und gleichzeitig die »moderne Traktion« symbolisieren. Dass die VDV-Schrift 753 den Begriff des »Eisenbahnfahrzeugführers« verwendet, ist mit den vielfältigen Aufgaben dieses Führers bei den Bahnen des Verbandes zu verstehen, in dem auch Straßenbahnbetriebe Mitglied sind oder Magnetschwebebahnen Mitglied sein können. Die Triebfahrzeugführerschein-Verordnung kennt immer noch den »Triebfahrzeugführer« und definiert ihn als eine natürliche Person, die die Voraussetzungen erfüllt, um unmittelbar oder mittelbar Triebfahrzeuge eigenständig, verantwortlich und sicher zu führen.

Lokomotivführer fürchten, mit der Einführung neuer Berufsbezeichnungen könne ihr Sozialprestige beschnitten werden. Derartige For-

malien und Misslichkeiten der Vergangenheit schlagen ebenso wenig in Zufriedenheit um, wenn darauf hingewiesen wird, der Arbeitsplatz des Lokomotivführers sei doch viel schöner geworden. Immer gibt es Unzufriedene, die alten Zeiten nachhängen.
Der Anfänger kennt seinen Beruf nur so, wie er ihn vorfindet. Er bemerkt nicht einmal die allmählichen Veränderungen. Von diesen gab es einige, auf die hier hingewiesen werden soll:

Brüche im Berufszweig

Sie bestanden, ohne sie zu werten,

- im Strukturwandel bzw. im Traktionswechsel
- in den geänderten Tätigkeitsbezeichnungen
- im Bedeutungsverlust der Eisenbahn unter den Verkehrsmitteln
- in der Aufteilung der Staatsbahn in verschiedene Geschäftsbereiche samt Traktion und Personal
- im Zugang anderer Eisenbahnverkehrsunternehmen zum Verkehrsmarkt, auch als dessen Liberalisierung bezeichnet und schließlich
- in der permanenten Rationalisierung.

Was ist unter diesen Stichworten zu verstehen?
Strukturwandel – Traktionswechsel:
Der Strukturwandel, wie die Ablösung der

Begrüßung des ersten Zuges mit elektrischer Lokomotive auf dem Bahnhof Emmerich am 18. Mai 1966.
Slg. Stadtarchiv Emmerich

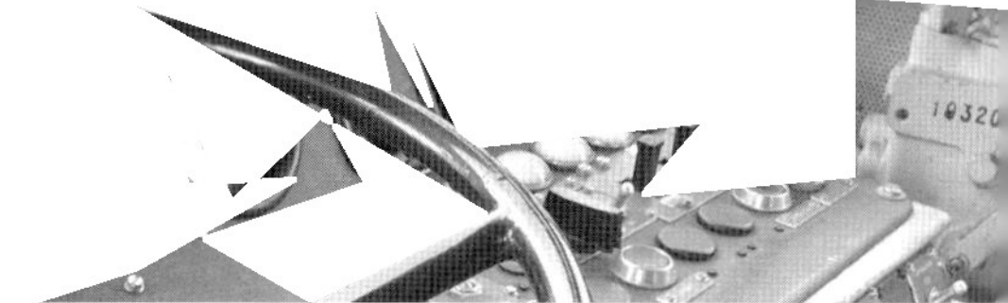

Dampflokomotiven durch elektrische oder Diesellokomotiven bzw. -triebwagen bei der Deutschen Bundesbahn bzw. der Traktionswechsel bei der Deutschen Reichsbahn, war ein viel umfassenderer Vorgang als lediglich der Austausch von Triebfahrzeugen.

Abgesehen von nun höheren Geschwindigkeiten und verbesserten Bremsausrüstungen, die die elektrischen Triebfahrzeuge mit sich brachten, veränderte sich vor allem die Arbeitswelt des Lokomotivführers. Die elektrischen und die Diesellokomotiven waren nun nicht mehr so aufregend wie die dampfenden Ungeheuer von einst; der Wunsch, da oben als Führer zu stehen, ließ allmählich nach wie das Interesse für die Dampflokomotiven und deren Betrieb überhaupt. Dass der Lokomotivführer der Dampflok-Ära immer schmutzig und ölig aussah, stets mit einem Putzlappen in der Hand, das war bald vergessen. Kaum jemand kann sich noch vorstellen, wie der Lokomotivheizer die Kohlen zertrümmert und mit der langen Schaufel in den Feuerschlund wirft, verschiedene Rädchen dreht, so dass es dampft und zischt – im alltäglichen Betrieb mit dem Kampf um die Minuten und nicht bei einer Museumsbahn!

1988 stellte die Mitarbeiterzeitung der Deutschen Bundesbahn »wir« zur Vergangenheit fest: »Aber sooo schön war diese Zeit – bei

Man war ständig schmutzig. Führer und Heizer auf einer Lokomotive der Baureihe 44 des Bahnbetriebswerks Halle G. *Slg. Rampp*

Lichte gesehen – nun auch wieder nicht. Man war ständig schmutzig. Da konnte man sich manchmal selbst nicht leiden. Der Lokomotivführer der Jetzt-Zeit ist dagegen ein Saubermann.«

Angesprochen vom Berufsstand des Lokomotivführers fühlen sich noch die, welche durch Generationen eine Traditionslinie bilden, und jene, die das wesentlich ruhiger gewordene elektrische Kraftpaket schätzen. Das »Fahrzeug« mit dem mehr oder weniger lauten Dieselmotor, das eher mit einem Lastkraftwagen oder Autobus verglichen werden kann, folgt auf dem nächsten Rang. Die meisten der Lokomotivführer begrüßten seinerzeit ihren von der Umschulung begleiteten Wechsel von der Dampflokomotive zur »modernen Traktion«. Manche auch nicht, die ihrem Beruf Adieu sagten und sich eine andere Tätigkeit suchten.

Mit Riesenschritten wurden vor allem im Westen die Strecken elektrifiziert und dafür die Lokomotiven beschafft. Auf vielen Strecken waren infolge stärkerer Leistung bisher unumgängliche Schiebe- und Vorspanndienste nicht mehr nötig, wurden die Lokomotiven und das Personal dafür eingespart, die Einsatzstellen geschlossen. Die Umgestaltung der technischen Anlagen wie die der Bahnbetriebswerke schritt mit Riesenschritten voran. Statt Bekohlungsanlage und Schlackengrube brauchte man Tankstellen, andere Maschinen und Geräte für die Wartung der Fahrzeuge. Schließlich wurde die Organisation der Fahrzeug- und Personaleinsätze verändert, wozu zugleich die sich ausbreitende elektronische Datenverarbeitung beitrug.

Die Dampflokomotive besaß wegen der notwendigen Ergänzung der Kohlen- und Wasservorräte einen nur beschränkten Aktionsradius. Auf großen Bahnhöfen wechselten die Lokomotiven, und weil bis zu ihnen die erlaubte Dienstdauer reichte, kam es für die Lokomotivmannschaft in der Regel je Schicht nur zu einer Zugfahrt von A nach B und zurück von B nach A.

Schon die Diesellokomotiven erlaubten größere Reichweiten, bis der Tank wieder gefüllt werden musste, die elektrischen Lokomotiven sind unbegrenzt einsetzbar, sofern die Einsatzstrecken elektrifiziert sind. Der Wegfall der »Restaurationszeiten«, die kürzeren Reisezeiten und das Verbleiben der Lokomotive am Zug führten auch zu weiten Einsätzen für den Lokomotivführer und noch weiteren für die Lokomotive. Die blieben am Zug, etwa von Heidelberg bis Köln oder von Hamburg-Altona bis Basel, wenn nicht auf einem Kopfbahnhof gewendet werden musste.

Ohne Bindung von Lokomotive und Personal

Die Bindung zwischen der Lokomotive und dem Personal konnte aufgegeben werden, der Personal- und der Lokomotivumlauf getrennt werden. Mit der elektronischen Datenverarbeitung wurde ein Informationssystem eingeführt, von dem die beteiligten Stellen erfahren, wo sich die Lokomotiven und das Personal jeweils befinden. Mit Hilfe dieses System werden die Einsätze geplant. Die Lokomotiven geistern quasi im gesamten Netz umher und kommen lediglich zu den Wartungen in ihr Betriebswerk zurück.

Der umgeschulte Lokomotivführer spürte schnell, wie er weniger als »technischer Be-

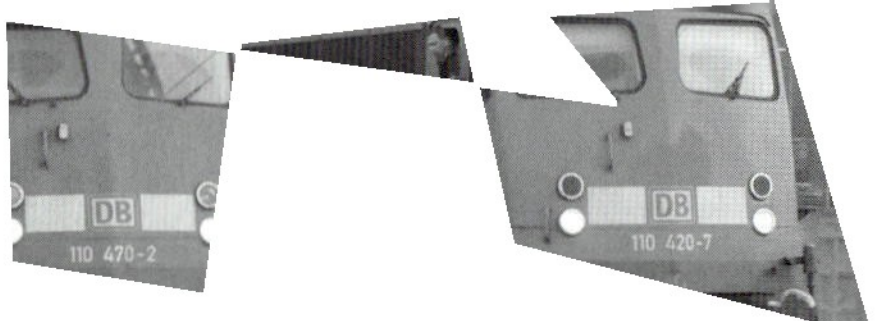

Vor Königshain-Hochstein (1993). Die Lokomotiven der Baureihe 110 fuhren, wie die Eisenbahner sagten, immer »rund um die Landeskrone«, dem Hausberg von Görlitz. Foto: Emersleben

amter«, als Schlosser oder Elektriker, denn als Fahrer gebraucht wurde. Je mehr elektronische Bauteile in das Fahrzeug eingebaut worden waren, desto weniger konnte er in die Technik eingreifen. Manches verstand er auch nicht mehr. Selbst wenn er Elektriker gelernt hatte, ihm blieben (und bleiben) nur Meldelampen oder akustische Signale, die Störungen melden. Er verfährt nach einem Störungssuchplan, sucht über eine »Technische Hotline« Hilfe von einer in Frankfurt (Main) Tag und Nacht besetzten Stelle. Nicht selten endet die Störungssuche in der Weisung, die Lokomotive abzustellen, weil sowohl der Lokomotivführer als auch die Hotline mit ihrem Latein am Ende sind.

Vergessen wir nicht den zweiten Mann auf der Dampflokomotive, den Lokomotivheizer! Er gehörte zur Maschine wie Ross und Reiter. Ihn brauchte niemand mehr, zumal anders als in Großbritannien in Deutschland keine Gewerkschaft dafür sorgte, dass der Kohlentrimmer weiter beschäftigungslos auf der Diesellokomotive blieb. Trotzdem konnte er im Lokomotivfahrdienst nicht plötzlich entbehrt werden. Zunächst fuhr er, sofern er noch nicht zum Triebfahrzeugführer, -wart, Tankwart oder einer anderen Tätigkeit umgeschult worden war, als Beimann im Führerraum.

Die Deutsche Bundesbahn änderte die Tätigkeitsbezeichnung in Triebfahrzeugbegleiter. Zu den Pflichten des Lokomotivheizers gehörte es einmal, sich an der Strecken- und Signalbeobachtung zu beteiligen. Die Mitwir-

Foto: Emersleben

Mit 300 km/h wie auf der Achterbahn fährt der ICE-3 auf der Hochgeschwindigkeitsstrecke Köln – Rhein/Main (2010). *Foto: Emersleben*

76
8

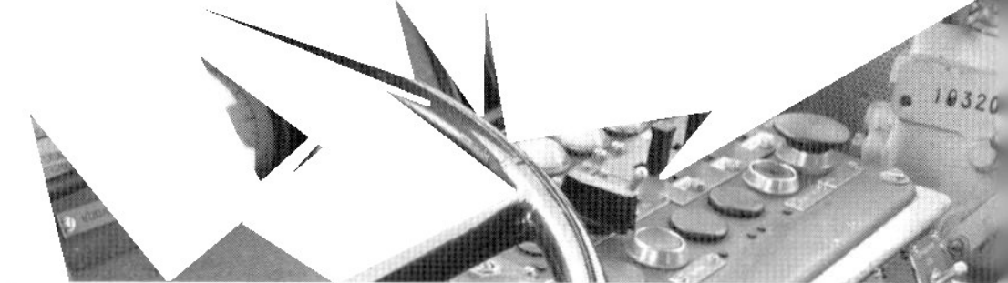

kung war schon deshalb geboten, weil der Lokomotivführer durch den Langkessel eine nur eingeschränkte Sicht auf die linke Seite hatte[1] und auch bei der Signalbeobachtung einmal unaufmerksam sein konnte – mit möglicherweise fatalen Folgen. »Vier Augen sehen mehr als zwei«, dieses Prinzip sollte weiter gelten, gerade dort, wo es an der induktiven Zugbeeinflussung, der technischen Verbindung zwischen Signal und Lokomotive, fehlte (siehe Kapitel 5).

Sowohl elektrische als auch Diesellokomotiven boten dem Lokomotivführer eine viel bessere Sicht auf die Strecke als von den Dampflokomotiven, so dass zumindest deswegen die Mitwirkung eines Beimanns bzw. Begleiters an der Strecken- und Signalbeobachtung unnötig war.

Zunächst wurde nur bei der elektrischen Traktion überlegt, ob überhaupt ein zweiter Mann (oder eine Frau) im Führerraum benötigt werde. Viele Jahre glaubte man bei der Deutschen Reichsbahn in der DDR, auf ihn keinesfalls verzichten zu können. Man bildete sogar Beschäftigte aus dem Zugbegleitdienst, Betriebsarbeiter aus den Bahnbetriebswerken und Neueingestellte (besonders Frauen) als Beimann aus. Der sollte zum störungsfreien Zuglauf beitragen. Auf überlasteten Strecken erschien dieser wichtiger als die mögliche Einsparung von Personalkosten.

Da schließlich der Reichsbahn der Aufwand für die Ausbildung zum Beimann zu hoch erschien und diese Kräfte in ausreichender Zahl nicht mehr zu gewinnen waren, wurde nach 1960 auf elektrischen Lokomotiven, die Züge mit bis zu 90 km/h Höchstgeschwindigkeit fuhren, auf den Beimann verzichtet.

Die Bundesbahn war durch die Eisenbahn-Bau- und Betriebsordnung verpflichtet, Triebfahrzeuge ohne wirksame Sicherheitsfahrschaltung (Sifa) und bei Geschwindigkeiten von mehr als 140 km/h ohne Zugbeeinflussung einen »Begleiter« mitzugeben. [2]

Was hatte der Beimann außer der Beobachtung des Fahrwegs, der Signale und der Fahrleitung zu tun? Er hatte die elektrische Lokomotive sachgemäß abzuölen, Bremssand nachzufüllen, die Isolatoren und die Fenster der Lokomotive während der Standzeit im Schuppen zu putzen, im Schuppen, beim Abstellen auf dem Bahnhof (bei unbesetztem Führerstand) und beim Befahren der Drehscheibe die Handbremse zu bedienen, die Lokomotive mit den Wagen zu kuppeln. Zusätzlich hatte er die Führerstände und den Maschinenraum sauber zu halten und bei Unfällen Erste Hilfe zu leisten. Für die Zugförderung mit Diesellokomotiven wurden die Ausbildung und die Aufgaben des Beimanns bei der Vorbereitung und Abrüstung des Fahrzeugs entsprechend modifiziert.

Von 1963 an verzichtete die Berliner S-Bahn mit einem Großversuch auf den Triebfahrzeugschaffner. Der Schaffner stand oder saß im Führerraum und hatte die augenfällige Aufgabe, dem Triebwagenführer vom Bahnsteig aus ein Zeichen zu geben, wann er die Türen schließen und abfahren konnte. Denn von seinem Platz aus hatte er keine Sicht auf den Bahnsteig und zur Aufsicht, die den Abfahrauftrag erteilte. Mit Hilfe des Funks konnte diese Lücke überwunden werden.

1 Bei Tender-voran-Fahrten war der Lokomotivheizer für die Signalbeobachtung unerlässlich.

§ 45 Besetzen der Triebfahrzeuge und Züge

(1) Arbeitende Triebfahrzeuge müssen während der Fahrt mit einem Triebfahrzeugführer besetzt sein; gesteuerte Triebfahrzeuge (§ 18 Abs. 4) dürfen unbesetzt sein. Bei Kleinlokomotiven dürfen die Aufgaben des Triebfahrzeugführers auch von einem Bediener von Kleinlokomotiven wahrgenommen werden.
(2) Der Triebfahrzeugführer muss sich während der Fahrt bei Triebfahrzeugen mit zwei Führerräumen im vorderen Führerraum, bei Triebfahrzeugen, die von einem führenden Fahrzeug aus gesteuert werden, an der Spitze des Zuges aufhalten. Bei Rangierfahrten oder bei kurzen Rückwärtsbewegungen braucht er den Führerraum nicht zu wechseln; ferngesteuerte Rangierfahrten dürfen unbesetzt sein.
(3) Sofern in den Absätzen 4 und 6 nichts anderes bestimmt ist, sind führende Fahrzeuge in Zügen außerdem mit einem Triebfahrzeugbegleiter zu besetzen, wenn sie
1. keine wirksame Sicherheitsfahrschaltung haben oder
2. mit mehr als 140 km/h ohne Zugbeeinflussung fahren, durch die ein Zug selbsttätig zum Halten gebracht werden kann und vorgeschriebene Geschwindigkeitsverminderungen zeit- und wegeabhängig überwacht werden.
Der Triebfahrzeugbegleiter hat sich an der Strecken- und Signalbeobachtung zu beteiligen und den Zug erforderlichenfalls zum Halten zu bringen.
(4) Arbeitende Dampflokomotiven sind, soweit erforderlich, mit einem Heizer zu besetzen.
(5) In den besetzten besonderen Führerräumen der Triebfahrzeuge und Steuerwagen darf außer den dienstlich dazu berechtigten Personen niemand ohne Erlaubnis der zuständigen Stellen mitfahren.
(6) Das vorderste Fahrzeug geschobener Züge ist mit einem Betriebsbeamten zu besetzen. Hiervon darf bei kurzem Zurücksetzen abgewichen werden. Der Betriebsbeamte muss sich mit dem Triebfahrzeugführer verständigen können und Signalmittel zur Warnung der Wegebenutzer vor Bahnübergängen ohne technische Sicherung mitführen.
(7) Reisezüge sind mit mindestens einem Zugbegleiter zu besetzen, sofern dessen betriebliche Aufgaben nicht von einem anderen Betriebsbeamten oder von technischen Einrichtungen übernommen werden. Sie dürfen ohne Zugbegleiter verkehren, wenn das Schließen der Wagentüren auf den Fahrgastwechsel abgestimmt und das Geschlossensein der Wagentüren vor Abfahrt dem Triebfahrzeugführer angezeigt oder bei einfachen Verhältnissen von ihm festgestellt wird.

Paragraf 45 der Eisenbahn-Bau- und Betriebsordnung

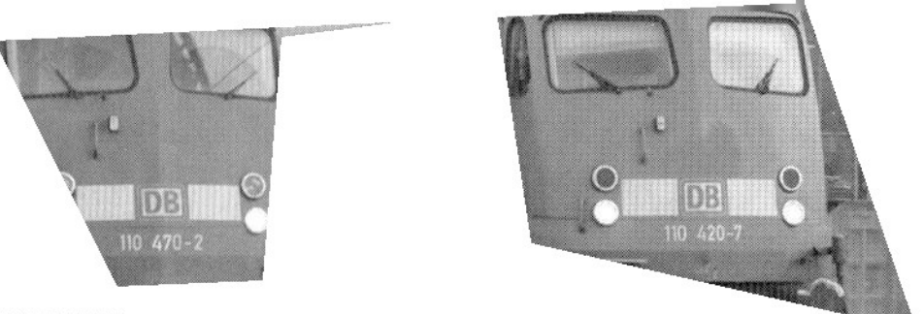

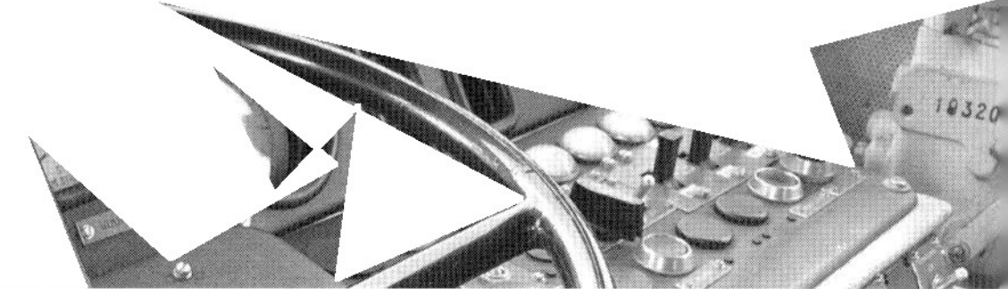

Nachdem sich auch hier die Sicherheitsfahrschaltung und die Funkwechselsprechanlage als betriebstauglich erwiesen, wurde vom 3. Mai 1965 bis zum 1. Oktober 1969 auf die Einmannbesetzung umgestellt. Der »Triebwagenschaffner« war bei der S-Bahn in Berlin ausgestorben.

Er kam nach 1991 wieder, als seit 3. Oktober 1990 die westdeutsche Eisenbahn-Bau- und Betriebsordnung in den Neuen Bundesländern galt und auf Strecken ohne Zugbeeinflussung nicht mehr als 100 km/h Geschwindigkeit gefahren werden durften. Das Bundesverkehrsministerium erteilte zwar eine Ausnahmeregelung für Geschwindigkeiten bis zu 120 km/h, um die in den Fahrplänen der Deutschen Reichsbahn konzipierten Fahrzeiten einhalten zu können. Als die Fahrplanperiode ausgelaufen war, mussten wieder Beimänner gewonnen oder die Höchstgeschwindigkeit auf 100 km/h herabgesetzt werden. Die Reichsbahndirektionen entschieden sich für beide Möglichkeiten.

SAT eingeführt

Bei der mehr oder weniger zutreffenden Auffassung, die Tätigkeit des Triebfahrzeugführers sei inzwischen viel einfacher und leichter geworden, man könne sie ohne weiteres verdichten, kam es zum Verfahren »Selbstabfertigung durch Triebfahrzeugführer«, SAT abgekürzt. Zugbegleiter, die auf den Aus- und Zustieg der Reisenden achten, Fertigmeldung bzw. Abfahrauftrag erteilen und die Türen schließen, wurden eingespart, obwohl das Verfahren SAT nicht den Vorgaben Eisenbahn-Bau- und Betriebsordnung folgte, die es zulässt, dass Reisezüge ohne Zugbegleiter verkehren dürfen, »wenn das Schließen der Wagentüren auf den Fahrgastwechsel abgestimmt und das Geschlossensein der Wagentüren vor Abfahrt dem Triebfahrzeugführer angezeigt oder bei einfachen Verhältnissen von ihm festgestellt wird.« Die letzten technischen Hürden (Türblockierung, seitenselektive Türsteuerung usw.) wurden genommen, und das Technikbasierte Abfertigungsverfahren (TAV) eingeführt. [22] Dabei geht es nicht allein um Triebwagenzüge, sondern nach diesem Verfahren auch um gut besetzte Doppelstockzüge, was die Verantwortung des Lokomotivführers erhöht. Der Triebfahrzeugführer hat sich nicht nur auf die Fahrt zu konzentrieren, sondern auch während des Aufenthalts und beim Verfahren »TB 0« den »Serviceblick« aus dem Fenster bei der Abfahrt des Zuges. Es könnte ja ein Reisender seine Hand in der Tür eingeklemmt haben. Die Tätigkeit beim Türenschließen, auch bei Störungen, ist in einer Tabelle mit den drei Spalten für TAV, SAT und TB 0 (= Blockierung ab 0 km/h) und nicht weniger als 22 Querspalten zusammengefasst!

Dank der technischen Hilfsmittel (und auch dem Entgegenkommen von Bestellern der Nahverkehrsleistungen, Behörden, denen es gleichgültig zu sein scheint, dass stetig Arbeitsplätze abgebaut werden) war der Weg frei, auf die einst von der Deutschen Bahn mit Brimborium eingeführten »Kundenbetreuer«, die sich einst Zugschaffner nannten, abzuschaffen. Bei behinderten Reisenden wird

Die Tafeln SAT und damit »Selbstabfertigung« verbreiten sich, Arbeitsintensivierung, Personaleinsparung, aber weniger Kundendienst zum stetig wachsenden Fahrpreis. Foto: Erich Preuß

990
ZAT

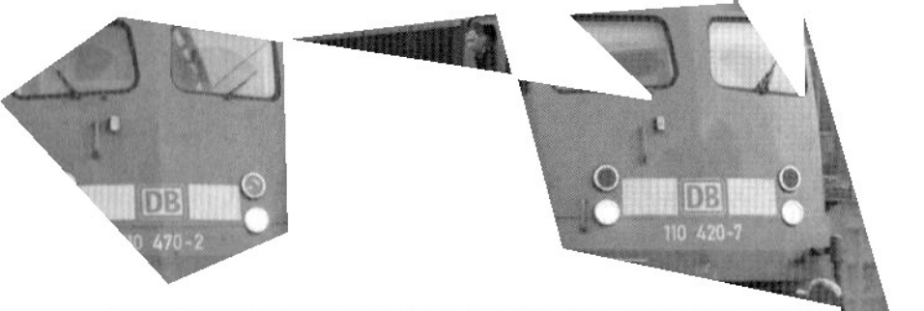

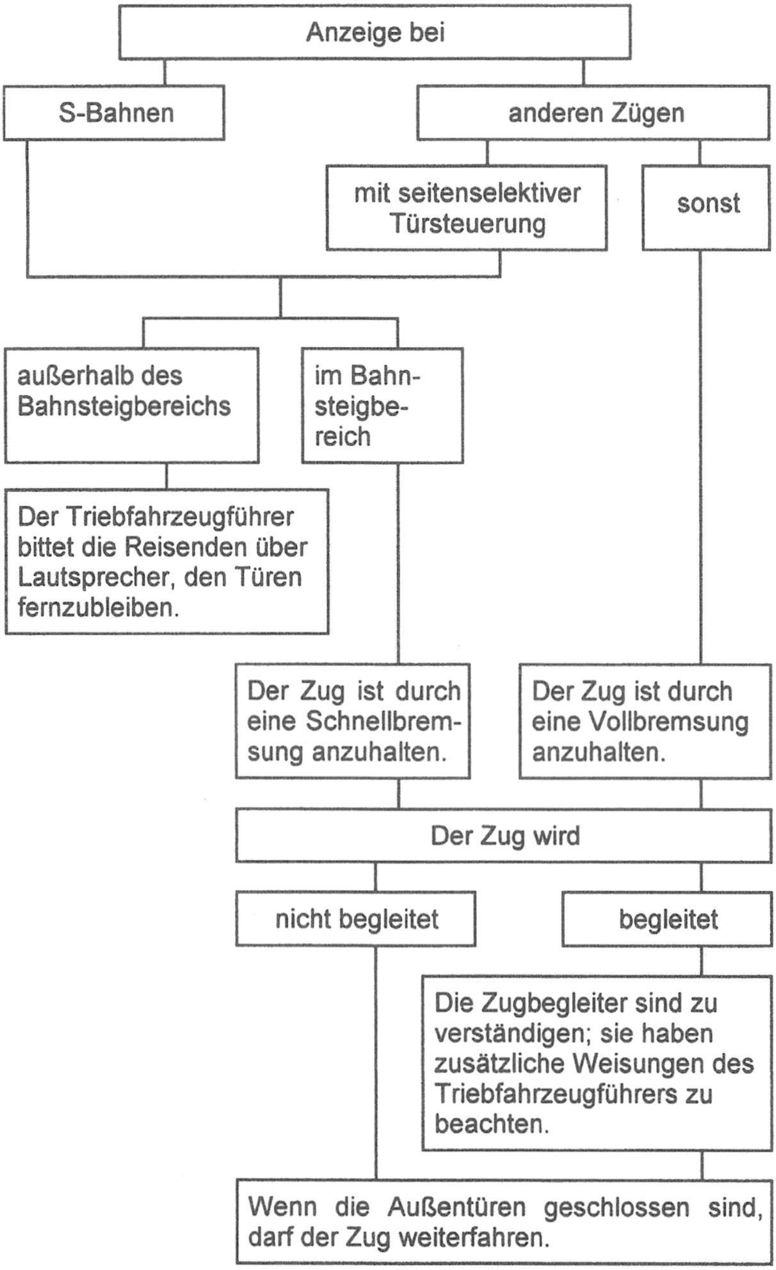

- **Anzeige bei**
  - **S-Bahnen** → (weiter wie „mit seitenselektiver Türsteuerung“)
  - **anderen Zügen**
    - **mit seitenselektiver Türsteuerung**
      - **außerhalb des Bahnsteigbereichs**
        - Der Triebfahrzeugführer bittet die Reisenden über Lautsprecher, den Türen fernzubleiben.
      - **im Bahnsteigbereich**
        - Der Zug ist durch eine Schnellbremsung anzuhalten.
    - **sonst**
      - Der Zug ist durch eine Vollbremsung anzuhalten.
- **Der Zug wird**
  - **nicht begleitet**
  - **begleitet**
    - Die Zugbegleiter sind zu verständigen; sie haben zusätzliche Weisungen des Triebfahrzeugführers zu beachten.
- Wenn die Außentüren geschlossen sind, darf der Zug weiterfahren.

Scheinbar übersichtlich sind die Regeln für das Türenschließen dargestellt, tatsächlich sind sie viel komplizierter. *Quelle: DB-Richtlinie 408*

S-Bahn nach Heidenau in Dresden-Neustadt (2009). Viele Züge fahren, so vom Verkehrsverbund bestellt, ohne Zugbegleiter. *Foto: Emersleben*

dann der Triebfahrzeugführer zur Einstieghilfe, zur Auskunftsperson sowieso.

2002 erregte in Frankfurt am Main eine weitere Aufgabe für Triebfahrzeugführer das Personal. Die der S-Bahn hatten als Pilotprojekt den Auftrag erhalten, vom 1. Dezember 2001 an auf den Wendebahnhöfen in Hanau und Wiesbaden ihre Züge von Dosen, weggeworfenen Zeitungen, gebrauchten Spritzen, die Drogenabhängige zurückgelassen hatten, und sonstigem Unrat zu reinigen. Beamte im mittleren Dienst[2] sind nicht zum Saubermachen bestimmt. Es ging um das Ethos der Lokomotivführer, die Putzmänner sein sollten und vor dem Verwaltungsgericht Frankfurt am Main gegen die Anweisung klagten. Doch die Richter entschieden: Kein S-Bahn-Führer breche sich einen Zacken aus der Krone, wenn er aufräumt. Zumal die Wendezeit bezahlt werde.

2 Die Beamten werden vom Bundeseisenbahnvermögen der Deutschen Bahn ausgeliehen.

Entscheidend war nicht die Frage, ob die Mandanten sich ekelten oder die Tätigkeit als Putzmänner unterwertig und nicht amtsangemessen betrachteten, sondern die angeordnete Reinigung dem Amt des Lokführers »sein Gepräge« gebe. Ein Urteil des Bundesverwaltungsgerichts der achtziger Jahre im Fall eines Gerichtsvollziehers wurde als Parallele herangezogen. Der Verwaltungsgerichtshof in Kassel gab den Lokomotivführern Recht, die Deutsche Bahn ging in die Berufung, aber das Bundesverwaltungsgericht in Leipzig blieb bei der Auffassung der Lokomotivführer und entschied 2005, die Deutsche Bahn habe die Rechtsstellung der ihnen zu Dienstleistungen zugewiesenen Beamten zu wahren. Sie hätten einen Anspruch auf eine Tätigkeit entsprechend der Ausbildung und Dienststellung. Die »Grobreinigung« der S-Bahn-Züge gehöre nicht zum Tätigkeitsbereich der Lokomotivführer. DB-Regio dürfe die Tätigkeit der zugewiesenen Beamten nicht inhaltlich umgestalten und durch funktionsfremde Elemente ersetzen. Weitere Versuche, auf diese Art den Beamten die Lokomotivführertätigkeit »zu verdichten«, wurden nicht bekannt. [23]

Wohlgemerkt: Diese Entscheidung betraf die Beamten. Die übergroße Mehrheit besitzt den Status des Angestellten und für den gelten andere Regeln. Den Nichtbeamten, und das sind die meisten der Lokomotivführer, werden von der Deutschen Bahn für »Tw« vier Minuten Zeit

Die Diesellokomotive 233 536 besitzt noch ein Schaltrad, viele Leuchtmelder und Schalter (2006). Foto: Emersleben

zur Grobreinigung vorgegeben. Das gehört zu den Aufgaben des Vor- und Nachbereitens von Zugfahrten (zum Beispiel die Bremsprobe, das Aufrüsten des Fahrzeug, die Störungssuche etc.), alles schön in Stufen eingeteilt und mit Abkürzungen belegt, die Zugfahrten, das Bewältigung von Unregelmäßigkeiten in Zusammenarbeit mit weiteren Stellen, die erfolgreiche Teilnahme an der regelmäßigen Fortbildung. Je nach Geschäftsfeld können weitere Aufgaben hinzukommen, etwa im Güterverkehr auch Kundenkontakt mit Gleisanschlussbesitzern etc. und im Nahverkehr auch zusätzlich der Fahrkartenverkauf und die Kundeninformation sowie auf Bahnhöfen ohne Aufsichts- und Fahrpersonal die Zugaufsicht. Namentlich bei den anderen Eisenbahnverkehrsunternehmen werden die fahrplanbedingten Pausen mit Nebenarbeiten ausgefüllt, wie das Grobreinigen der Fahrzeuge, die Mitarbeit in der Werkstatt usw. usf. Gegen derartige »lokomotivführerfremde« Aufgaben hilft kein Gericht.

Allein auf sich gestellt

Dass einmal, abgesehen vom Zugbegleitpersonal (Zugführer und Zugschaffner) im Zuge, zwei ausgebildete Eisenbahner im Führerraum saßen, ist inzwischen fast vergessen. Wenn sich bei der Deutschen Reichsbahn der Beimann länger als bei der Deutschen Bundesbahn hielt, dann lag das an der unzureichenden Sicherheitsfahrschaltung und den unzuverlässigen Armaturen der Diesellokomotiven, ob nun die der V 180 oder die der aus der UdSSR importierten V 200, den fehlenden Funkverbindungen und der fehlenden induktiven Zugbeeinflussung im Netz der Deutschen Reichsbahn. Als diese Probleme wenigstens teilweise gelöst waren, blieb der Beimann nur noch in besonderen Fällen, zum Beispiel auf Steilstrecken, bis auch hier technische oder organisatorische Lösungen gefunden worden waren, um auf ihn verzichten zu können. Trotzdem blieben bis in die siebziger Jahre noch allerlei Bedenken, die in den Fachzeitschriften geäußert wurden. [3]

Nun war, von den in der Eisenbahn-Bau- und Betriebsordnung genannten Ausnahmen (siehe Kastentext) abgesehen, der Lokomotivführer allein auf sich gestellt mit all den Vor- und Nachteilen, die bald bemerkt wurden. Ein Lokomotivführer des Bahnbetriebswerks Leipzig Hbf West schrieb in der »Fahrt frei«, Zeitung für die Eisenbahner in der DDR, von seinen Erfahrungen auf der Lokomotive, Baureihe E 11: »... der Blick nach dem freibleibenden Beimannstuhl, das jahrelange Zusammenwirken, die manchmal harte aufopfernde Arbeit des Beimanns bei Reparaturen, die Hilfe bei der Vorbereitung zur Fahrt waren auf einmal nicht mehr da.« [4]

Die Deutsche Bundesbahn brauchte ihn schon deshalb nicht mehr, weil fast alle Strecken und Fahrzeuge mit der induktiven Zugbeeinflussung ausgerüstet waren. Sie »verordnete« ihn nur bei Geschwindigkeiten von 160 km/h und mehr, quasi als psychologische Stütze, weil die hohen Geschwindigkeiten größte Aufmerksamkeit verlangen. Der Triebfahrzeugbegleiter brauchte nur noch »fahrdiensttauglich« zu sein. Er durfte nicht kurzsichtig oder farbenblind sein und musste so viel Kenntnis besitzen, die Lokomotive notfalls anhalten zu können.

Eine andere Umwälzung bahnte sich an, wenn auch nur träge. Die elektrische und die Die-

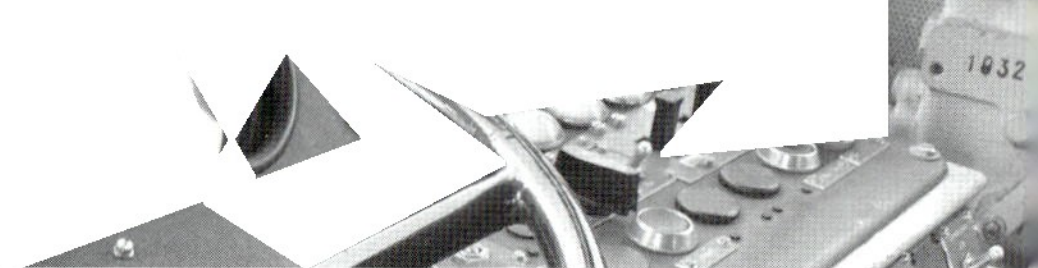

seltraktion erlaubten es, den Arbeitsplatz der Triebfahrzeugführer anders zu gestalten. Denn bislang war er hinsichtlich des Komforts im Dampflok-Zeitalter geblieben. Der klimatisierte Führerraum der Bundesbahn-Lokomotiven Baureihen 103 und 120, der Reichsbahn-Lokomotiven der Baureihen 112 und 143 waren der Anfang.

Die Initiative, die Führerräume der Bundesbahn-Fahrzeuge neu zu gestalten, ging 1971 von einem Mitglied der Gewerkschaft der Eisenbahner Deutschlands (GdED)[3] aus, der die Schwächen der damaligen Führerräume, wie Temperatur im Winter und Sommer, Sicht bei Tag und Nacht, Erkennbarkeit und Lage der Hebel und Sichtinstrumente sowie Gestaltung der Sitze auflistete. Er schlug auch eine neue Konzeption des Führerpultes vor, dessen Hebel und Fußpedale in richtiger Position zur Körperhaltung und die Sichtinstrumente im richtigen Blickwinkel liegen.

Im Bundesbahn-Zentralamt München wurde ein Dezernat gebildet, das sich mit diesen Vorschlägen befasste. Der Einheits-Führerraum sollte geschaffen werden, der durch standardisierte Anordnung der Armaturen und Bedienteile gleichfalls zur verkürzten Ausbildung für die verschiedenen Lokomotiv- und Triebwagen-Baureihen beitragen konnte. Als

3 Inzwischen in Eisenbahner-Verkehrsgewerkschaft (EVG) umbenannt

Das übersichtliche Führerpult und der Platz in der Mitte ist inzwischen Standard für alle Neubaufahrzeuge (2008). Foto: Emersleben

erste Triebfahrzeuge wurden die der Baureihe 111 und 472 mit der Rundum-Instrumentenkonsole sowie senkrechten Fahr- und Bremsschaltern ausgestattet. Sie waren Vorbild für alle folgenden Triebfahrzeuge der Baureihen 120, 403 und 410.

Als nach 1990 die Baureihe 143 der Deutsche Reichsbahn den Lokomotivmangel der Rhein-Ruhr-S-Bahn beheben sollten, ging eine »Arbeitsgemeinschaft Arbeitsplatz Lok« daran, den immerhin recht fortschrittlichen Arbeitsplatz dieser Reichsbahn-Lokomotiven dem Standard der Bundesbahn anzugleichen. Die Lokomotivführer in Düsseldorf und Essen sollten vor Fehlgriffen geschützt werden, gleichzeitig die guten Dinge der Lokomotiven aus der DDR erhalten bleiben, zum Beispiel die Druckluft-Ergänzungsbremse und die Fahrsteuerung mit Geschwindigkeitsregelung und Sonderprogrammen.

Die Arbeitsgemeinschaft erreichte weitere Verbesserungen bei den anderen Lokomotiven und Triebwagen wie

- das Thermofach
- das neu gestaltete Führerpult »um den Menschen herum«
- wesentlich mehr Raum als in den bisherigen, engen Führerständen
- eine neue Kopfform beim Triebwagen der Baureihe 472, damit es im Sommer kühler wurde
- Fernlicht - nach einer Meinungsumfrage im Bezirk der Bundesbahndirektion München, bei der sich über 90 Prozent für deren Einführung aussprachen
- verbesserte Führerraum-Innenbeleuchtung - bei Lokomotiven der Baureihen 110, 111, 140
- wenige gut ablesbare Rundinstrumente anstatt vieler verschiedener Anzeigegeräte
- ein neuer Führersitz, der dem in Lkw gebotenen Komfort gleichkommt
- ein zentraler Platz für die Fahrpläne durch Wegfall des Fahrschalter-Handrades.

Großzügige und durchdachte Arbeitsplätze

Der Einheits-Führerraum für jede Baureihe und Unterbaureihe war schon wegen der technischen Weiterentwicklung unmöglich. Jeder hat weiter seine Besonderheiten bei der Anordnung der Instrumente. Aber er hat sich gegenüber Ausführungen vor 1990 grundlegend gewandelt und verbessert. Die Veränderung des Arbeitsplatzes ist dadurch möglich, dass der Lokomotivführer bei der »modernen Traktion« nicht mehr zwingend rechts sitzen muss. Auch bei der Verbreitung des Gleiswechselbetriebes wird häufiger als früher auf dem linken Gleis gefahren und sind die dort links aufgestellten Signale zu beachten. Der Lokomotivführer kann in der Mitte des Führerraums sitzen und ein mittig angeordnetes Bedienpult erhalten. Dem entsprechen die Neubaufahrzeuge, beispielsweise die der Baureihe 612, der ICE-T und der ICE-3, während Sitz und Pult im ICE-1 und ICE-2 noch rechts angeordnet wurden.

Im Laufe der Zeit erhielten Deutschlands Lokomotivführer die durchdachtesten und großzügigsten Arbeitsplätze der Welt. Die Idee, des um den Menschen herumgebauten Führerpultes verbreitete sich bei fast allen europäischen Eisenbahnen. Die neuen Arbeitsplätze sind zugleich sichtbarerer Ausdruck des gewandelten Berufsbildes.

Auch der Lokomotivführer muss mal. Der Neige-ICE der Baureihe 411 bei Bitterfeld (2011).

Foto: Emersleben

Wo ist die Toilette?

Nur um eines mogeln sich die Bahnen herum: um die Toilette. Zwar kann der Triebfahrzeugführer auch die Toiletten im Zuge benutzen, aber wo ist die Notdurft im Güterzug, in Zügen ohne Toiletten (S-Bahn) möglich? Wenn dann noch, wie bei der Berliner S-Bahn, die Wendezeiten auf ein Minimum verkürzt wurden, blieb es nicht aus, dass im Betriebslagebericht Verspätungen oder Ausfall von Zügen mit der Begründung »Notdurft« erschienen. Auch der Intercity-Express, der als Sprinter in 3 ½ Stunden von Berlin Ostbahnhof nach Frankfurt (Main) Hbf verkehrt, braucht einen Führer mit starker Blase.

Durch den Siegeszug des Kraftfahrzeuges insbesondere nach 1950 ging noch mehr Faszination vom Berufsstand des Lokomotivführers verloren. Die meisten Politiker, die Wirtschaftsmanager und folglich auch die Bürger bevorzugen den individuellen Straßenverkehr, sehen in dessen Freizügigkeit ihren Vorteil, manche empfinden auch den von den Publikumszeitschriften propagierten »Fahrspaß«. Schließlich sichert der Kraftfahrzeugbau Tausende Arbeitsplätze, produziert Deutschland die besten Pkw der Welt. Wie kann da die alte Eisenbahn mithalten?

Viele haben verlernt oder haben es in ihrer Kindheit gar nicht erst gelernt, »wie Eisenbahnreisen geht«. Den Fahrplan zu studieren, sich eine Zugverbindung zu suchen, die Fahrkarte zu kaufen und sich dem Fahrplan anzupassen, also zu einer bestimmten Zeit auf dem Bahnsteig zu stehen, ist ihnen ein Gräuel. Dieser Unbeholfenheit leisten Politiker, Medien und auch die Bahnmanager noch Vorschub, wofür nur wenige Beispiele genannt sein sollen:

1. Heinz Dürr, Vorstandsvorsitzender der Deutschen Bahn von 1994 bis 1997, kokettierte damit, das Kursbuch nicht lesen zu können. Nach Verschlimmbesserungen wurde es abgeschafft. Im Fernverkehr gibt es seit 2010 keinen Katalog der Zugverbindungen mehr.
2. Selbst im Bundesverkehrsministerium wird hauptsächlich an Straßenausbau, bei »elektrischer Mobilität« nur an den elektrischen Pkw gedacht, werden Irrwege von Bahnmanagern im Staatsbetrieb Deutsche Bahn geduldet statt sie zu beschränken. Dazu gehören die ungelösten Probleme des Vertriebs, der Ersatz des »personalbedienten Verkaufs« durch umständlich zu bedienende Automaten, die einige Fahrkartensorten nicht vorhalten und besonders in Verkehrsverbünden den Fremden ratlos machen.
3. Wenn Radio Berlin-Brandenburg freitags in der »Abendschau« Ausflüge vorschlägt, wird zuerst erklärt, wie man mit dem Pkw ans Ziel kommt. Auf die Zugverbindungen wird an zweiter Stelle und mit oft unsinnigen Verbindungen verwiesen, die erkennen lassen, dass in der Redaktion die Eisenbahn eher etwas Exotisches ist.
4. Streiken die Lokomotivführer für höhere Löhne und bessere Arbeitsbedingungen, werden ihre Forderungen vom Bahnkonzern und anderen Verkehrsunternehmen als völlig überzogen, der Berufsstand und die Gewerkschaft als gierig dargestellt, unterlegt mit unzutreffenden Gehaltsbeispielen und -vergleichen (Pressemitteilung der Deutschen Bahn vom 22. Februar 2011: GDL lässt Kunden ohne jeden sachlichen Grund warten und frieren).

Den Berufsstand des Lokomotivführers herabzusetzen, gelang besonders Margret Suckale, Personalvorstand der Deutschen Bahn von 2004 bis 2009, die sich während des von der GDL organisierten Streiks über geforderte 30 Prozent höheren Lohn (was nicht einmal zutraf) empörte, zumal die Lokomotivführer ohnehin nur noch Knöpfe drücken! Besser kann die Verachtung für diese nicht ausgedrückt werden von einer Frau, die über deren Aufgaben völlig ahnungslos war.

Das neue Vorbild: der Pilot

Dafür strahlte in den letzten Jahren ein anderer Beruf immer mehr, obwohl es auch bei ihm den Kampf um bessere Entlohnung gibt: der des Piloten. Das zivile Flugwesen wurde nahezu ein Massenverkehrsmittel. Betuchte Bürger leisten sich Privatflüge, auch die Manager der höheren Ebenen, Bahnchefs nicht ausgenommen, fliegen gern und exklusiv. Kein Wunder ist es, dass bei vielen Menschen der Wunsch reifte, Pilot zu werden, nicht nur mit eigenem Fluggerät, sondern als Beruf in einer Luftverkehrsgesellschaft. Ein neuer Traumberuf entstand, für den viel Geld investiert werden muss.[4]

Einigermaßen scheint der Gedanke verdrängt zu werden, dass Piloten nicht nur durch (wenige) Flugzeugabstürze, sondern auch bei militärischem Einsatz ihr Leben riskieren. Der Berufswunsch entsteht wohl eher durch die adrette Uniform, den sauberen Arbeitsplatz, die hochentwickelte Technik, eine stets lächelnde Crew (so jedenfalls im Fernsehen und in der Werbung) und durch den Irrglauben, man könne als Pilot die ganze Welt kennenlernen.

In solchen Kategorien konnten und können die Lokomotivführer nicht mithalten, mögen auch die von der Lufthansa gekommenen Bahnmanager bei der Eisenbahn die Begriffe der Luftfahrt eingeführt haben wie Cockpit statt Führerraum, Ticket statt Fahrkarte, Bordservice statt Bedienung, Zwischenstopp statt Unterwegshalt, »Anfahrt« (Anflug?) bei der Ankündigung des Unterwegshalts. Auch die Umbenennung von Arbeitsplätzen, Arbeitsräumen und eisenbahntypischen Berufen schreitet voran. Als Hartmut Mehdorn, Vorstandsvorsitzender der Deutschen Bahn von 1999 bis 2009, den Begriff »Bahner« statt des Eisenbahners einführte, empfanden das viele Eisenbahner als Abwertung ihres Berufs. Denn Bahner waren die bei der Straßen-, Untergrund- und Werkbahn.

Eines aber hatte ein Bahnchef erkannt: Das bei der Deutschen Bundesbahn gepflegte Räuberzivil passte nicht zum Ansehen des ICE-Triebfahrzeugführers, nicht zu all den Eisenbahnern, die mit Kunden umgehen. Wenn der Lokomotivführer den ICE-Triebkopf verlassen hatte, sollte er optisch nicht in der Menge der mit ihm angekommenen Reisenden untergehen. Eine flotte Uniform, pardon Unternehmensbekleidung führte Heinz Dürr, Vorstandsvorsitzender der Deutschen Bahn, wieder ein, sogar mit Schulterstücken und roten Schlaufen quasi als Dienstgrad: drei für den Lokomotivführer mit Streckenlizenz, zwei für den Bereitstellungslokführer.

Der Beruf des Eisenbahners litt in der Öffentlichkeit auch durch mehr oder weniger sachliche Berichte über Pannen, Unfälle, Skanda-

4 *Mehr dazu in: Beruf Pilot, Stuttgart 2010*

le. Ausdruck des gesunkenen Ansehens war die Feierlichkeit zum 175-Jährigen Jubiläum im Dezember 2010 in Nürnberg. Anders als 1985, als der 150. Geburtstag der Strecke Nürnberg – Fürth gewürdigt wurde, kam das Jubiläum 2010 wie die Festveranstaltung in den Zeitungen, Zeitschriften, im Rundfunk und im Fernsehen kaum vor.

Dass alles »so egal« geworden ist, gehört ebenfalls zum Wandel des Berufes. Gerhard Moll erinnerte sich, wie 1978 in Feudingen (Strecke Kreuztal – Sarnau) eine Bauzuglokomotive dem Eilzug 2842 vorspannen sollte, weil dessen Lokomotive irgendwelche Probleme hatte. Aber erst mussten auf der Ladestraße die Wagen des Bauzuges abgestellt werden, ehe die Lokomotive dem Eilzug helfen konnte. Das brachte ihm 25 Minuten Verspätung ein.

Das Donnerwetter folgte anderentags beim Gruppenleiter Betrieb des Betriebswerks Siegen: »Was habt ihr euch denn gestern mit dem E 2842 geleistet? Ihr braucht eine halbe Stunde für die paar Meter, um den Zug zu holen. Unglaublich!« Das Argument mit dem Absetzen der Wagen zog nicht. »Denkt doch mal

In Augsburg (2009). Die Lokomotiven der Baureihe 110 und ihr Personal wurden DB-Regio zugeordnet. *Foto: Emersleben*

an die Fahrgäste! Das sind unsere Kunden, so was darf nicht wieder vorkommen.« [21]

2011 meinte ein Lokomotivführer vom früheren Betriebswerk Erndtebrück. »Wir hatten unseren Ehrgeiz, die Personenzüge pünktlich ans Ziel zu bringen. Wenn heute irgendetwas passiert, hat die Betriebsleitung längst Taxis oder Autobusse organisiert, die die Reisenden übernehmen. Es ist völlig gleichgültig, ob der Zug fährt oder ausfällt.« Ihm verleidet der inzwischen untergegangene Ansporn den Beruf.

Die Aufteilung in Sparten

Die sogenannte Bahnreform, die am 1. Januar 1994 mit der Fusionierung von Deutscher Bundes- und Deutscher Reichsbahn sowie dem ehemaligen Reichsbahnvermögen in West-Berlin zum Staatsbetrieb Deutsche Bahn Aktiengesellschaft begann, löste vor allem eine bis dahin nicht gekannte Strukturitis aus, obgleich gerade die Bundesbahn nicht arm an Organisationsänderungen gewesen war. Dass ein riesiges Eisenbahnunternehmen nun wie ein Kaufhaus geführt wird, verspürten alsbald

Eine Lokomotive von DB-Railion, inzwischen Schenker-Rail rollt durch den Bahnhof Delitzsch (2010).
Foto: Erich Preuß

640 024 fährt auf der RE-Linie 11 nach Hamm (Westf). Der Nahverkehr und der ICE – »ein Verein«, getrennte Welten (2011). Foto: Emersleben

2
2
DB
W 51a

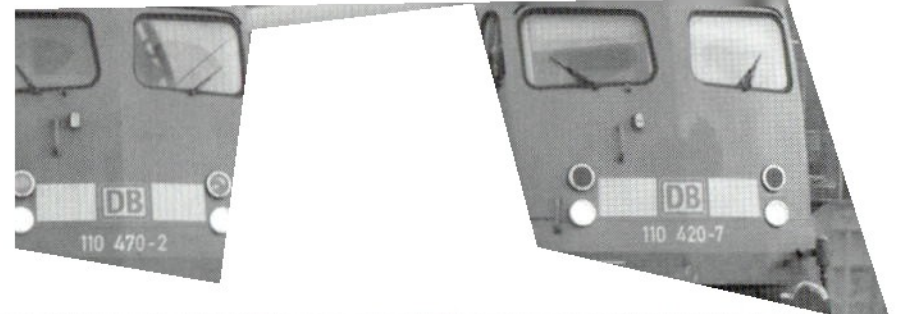

auch die Lokomotivführer. Sie vermissten ihre Zusammenfassung in einer Organisationseinheit, wie sie zuletzt bis 1998 im Geschäftsbereich Traktion bestand.

Die Leistungen im Zug- und Rangierdienst, der Einsatz der Lokomotiven und des Personals wurden strikt nach den Geschäftsbereichen Reise & Touristik (Fernverkehr), Regio (Nahverkehr), vorübergehend nochmals in Stadtverkehr (S-Bahnen Berlin und Hamburg) gegliedert, sowie Cargo (Güterverkehr) aufgeteilt. Hinzu kommen die Regio-Netze, eine Art joint venture, Gemeinschaftsunternehmen von DB-Netze und DB-Regio, in eingeschränkten Verkehrsgebieten, beispielsweise firmiert als Kurhessen- oder als Erzgebirgsbahn.

War früher auf einer Dienststelle der Aufstieg vom Lokomotivführer im Rangierdienst bis zum Schnellzugdienst möglich, fährt ein Lokomotivführer von DB-Regio immer Züge des Nahverkehrs, von DB-Railion[5] immer nur Güterzüge, es sei denn, dass Lokomotivführer des Güterzugverkehrs zeitweise dem Fernverkehr oder der Berliner S-Bahn überlassen werden. Mitunter wird es noch stupider, wenn er Tag für Tag einen Triebwagen von A nach B und zurück zu fahren hat. Der früher gekannte Wechsel vom Güterzug zum Reisezug, vom Rangieren zum Zug entfiel. Der Wechsel in einen anderen Geschäftsbereich ist nur durch Bewerbung möglich, wo es abermals mit den Zuggattungen eintönig werden kann.

Die Divisionalisierung in Geschäftsbereiche führte auch dazu, dass die Baureihen bestimmten Betriebshöfen zugeordnet sind, dass die Vielfalt an Lokomotiven, wie sie früher in den Bahnbetriebswerken bestand, aus wirtschaftlichen Gründen entfiel, dass jeder Geschäftsbereich seine Eigenheiten in der Aus- und Fortbildung, in der Einsatzplanung, im Störungsmanagement, seine nur bei ihm geltenden Weisungen etc. hat.

5 *Inzwischen DB-Schenker Rail*

MEG-Lokomotive Nummer 206 in Merseburg (2010). Die in Schkopau ansässige Mitteldeutsche Eisenbahn ist mehrheitlich in den Händen von DB-Schenker Rail. *Foto: Erich Preuß*

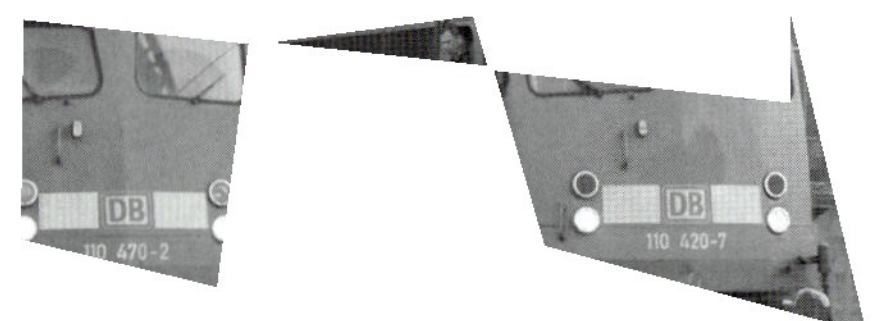

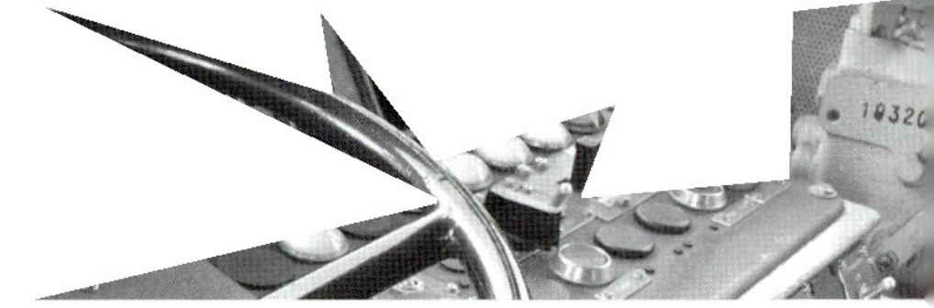

Liberalisierung des Schienenverkehrs

Zur sogenannten Liberalisierung des Schienenverkehrs gehört es, dass seit 1996 jedes zugelassene Eisenbahnverkehrsunternehmen den Fahrweg eines Landes benutzen darf. In Deutschland beherrscht die Deutsche Bahn mit ihrer Aktiengesellschaft DB-Netze das Streckennetz. Dass »fremde Lokomotiven« das Gleisnetz benutzen, ist nichts Neues. So etwas wurde früher durch Verträge geregelt. Zum Beispiel fuhren Lokomotiven und Personal einer Werk- oder Anschlussbahn nicht nur auf Gleisen der Staatsbahn, sondern erledigten auch für sie deren Aufgaben. Während die Deutsche Bundesbahn solche Einsätze nur eingeschränkt handhabte, verfuhr die Deutsche Reichsbahn wegen ihrer Not der fehlenden Arbeitskräfte großzügig mit der Rangierhilfe und Zugleistungen durch Dritte, warb regelrecht um sie.

In der Bundesrepublik Deutschland besteht aber auch eine Anzahl von Nichtbundeseigenen Eisenbahn mit mehr oder weniger Leistungen im Personen- und Güterverkehr. Nach einer Verordnung der Europäischen Union darf jedes Verkehrsunternehmen, das den gesetzlichen Ansprüchen genügt, im Netz der Deutschen Bahn fahren. Das sei dem Wettbewerb und dem Gemeinwohl zuträglich, wird behauptet. Manche sind anderer Auffassung. Infolge dieser Liberalisierung sind Triebfahrzeugführer der verschiedensten Verkehrsun-

Schmalkalden 2010. Die Südthüringer Bahn hat im Personennahverkehr in Thüringen und Franken viele Strecken erobert. *Foto: Erich Preuß*

In ganz Deutschland sind die Lokomotivführer der HGK, Häfen und Güterverkehr Köln, unterwegs. Eine 185 006 zieht bei Berlin-Wuhlheide einen leeren Kesselwagenzug nach Stendell (2009).
Foto: Emersleben

ternehmen unterwegs, was eine besondere Vorbereitung und Organisation der Betriebsführung erfordert. In Deutschland sind rund 26.000 Lokomotivführer (75 Prozent sind in der Gewerkschaft Deutscher Lokomotivführer organisiert) beschäftigt. Davon sind etwa 21.500, unter ihnen nur knapp 400 Frauen, bei der Deutschen Bahn, davon jeweils ungefähr bei DB-Fernverkehr 1.500, bei DB-Regio 11.000, bei DB-Schenker Rail etwa 6.500 und von denen 2.500 Lokrangierführer, bei DB-Netz (zum Beispiel für Oberleitungsrevisionstriebwagen) 2.000. Die anderen großen Eisenbahnunternehmen wie Abellio, Arriva Deutschland, BeNEX, Keolis Deutschland, Veolia Verkehr und den Unternehmen der Hessischen Landesbahnen beschäftigen etwa 3.000 Lokomotivführer, 800 die kleinen, privaten, zum Beispiel railmen, Havelländische Eisenbahn, MEV Eisenbahn-Verkehrsgesellschaft, Nordbayerische Eisenbahn, rail4chem und SBB Cargo Deutschland.

2. Der erste Schritt

Bewerbung und Auswahl

Wer sich entschließt, Lokomotivführer zu werden, sollte eine realistische Vorstellung von diesem Beruf haben. Jene, die aus Familien kommen, zu denen bereits ein Lokomotivführer gehört, wissen wohl Bescheid, was sie zu erwarten haben. Sofern sie den Beruf aus Schilderungen vom Großvater kennen, sollten sie berücksichtigen, dass sich, wie im 1. Kapitel erläutert, die Arbeitswelt inzwischen gewaltig veränderte, die Fahrzeugtechnik, der Eisenbahnbetrieb, die Begriffe, das Miteinander.

Auch wer nicht in einer vorbelasteten Familie lebt, kann sich von Kompetenten einweihen lassen. Die Deutsche Bahn lädt regelmäßig zu Informationsveranstaltungen ein, verteilt oder versendet Drucksachen. Die geben selbstverständlich nicht die ganze Wahrheit wider,

Nicht jeder Anwärter wird im ICE durch die Landschaft rauschen. Zwei ICE-3 nach Frankfurt (Main) Hbf kommen in Troisdorf ans Tageslicht (2004). *Foto: Emersleben*

zumal sie um die Bewerber buhlen. Es kann nicht schaden, sich durch Vermittlung im Bekanntenkreis Auskunft und Rat bei Lokomotivführern zu holen. Doch Vorsicht: Je stärker oder schwächer die Zuneigung zu diesem Beruf ist, wird geraten (»Ich wüsste nichts Besseres«) oder abgeraten (»Ich warte nur noch auf die Rente«).
Vorteilhaft ist, wenn man als Kind oder Jugendlicher bereits Eisenbahnerluft geschnuppert hat, bei einer Parkbahn, wie sich die ehemaligen Pioniereisenbahnen in der DDR inzwischen nennen und leider der pädagogische Gehalt (Berufswerbung) zu Gunsten des Vergnügens in den Hintergrund gedrängt wurde.

Auch bei den Museumsbahnen, zumindest bei den seriösen mit Anspruch auf Nachbildung früherer Eisenbahn wie die in Bruchhausen-Vilsen oder Radebeul Ost, kann man einiges von der Eisenbahn und den Regeln lernen. Außerdem gibt es eine Fülle von Fachliteratur über die Eisenbahn.

Wenngleich sich das Angelesene und Angehörte von der Erfahrung im Alltag unterscheiden, sind dann dem Bewerber einige Fachbegriffe und auch die geschätzten Tugenden wie Disziplin, Gewissenhaftigkeit und Zuverlässigkeit als Voraussetzung für diesen Beruf geläufig.

Mit der Lokomotive ehemals DR-Baureihe 102 rangierte die »Servicestelle für Lokomotiven und Güterwagen« von DB-Railion im Fährbahnhof Mukran (2008). *Foto: Erich Preuß*

Auf die Vorzüge und Nachteile des Berufs Lokomotivführer wird im 6. Kapitel noch einmal eingegangen. Wer trotz der eingebildeten oder tatsächlichen Mankos in diesem Beruf bei seinem Wunsch bleibt, bewirbt sich zur Einstellung und Ausbildung als Lokomotivführer. In Frage kommt dafür vor allem die »große Bahn«, die Deutsche Bahn Aktiengesellschaft, der Staatsbetrieb, mit den verschiedenen Geschäftsbereichen und den Tochtergesellschaften. In groben Zügen: Lokomotivführer fahren bei DB Regio Nahverkehrs- und S-Bahn-Züge, bei DB Fernverkehr Fernverkehrszüge, bei DB Schenker Rail Güterzüge oder sind als Lokrangierführer tätig. Letztere sind auf den Rangierbahnhöfen und bei der Verteilung der Wagen in der Fläche eingesetzt, übernehmen neben dem Rangieren auf den Bahnhöfen mehr oder weniger weite Zugfahrten auf der Strecke zu den Anschlussgleisen der Kunden. Bewerben kann man sich bei den sechs »Ausbildungsservices« der Deutschen Bahn in Berlin, Duisburg, Frankfurt am Main, Hamburg, Nürnberg und Stuttgart. Diese nehmen alle Bewerbungen um Ausbildungsplätze bei der Deutschen Bahn entgegen und sichten sie. Die theoretische Ausbildung von DB Training findet in mehr als 20 Trainingszentren in ganz Deutschland statt.

Trainings- oder Lernzentren der Bahn, gibt es in jedem größeren Eisenbahnknoten.

Scheinbar eine NE-Bahn, tatsächlich eine hundertprozentige Tochtergesellschaft der Deutschen Bahn, ist die Usedomer Bäderbahn. Manche firmieren mit regionalem Bezug wie die Bayerische Südostbayernbahn oder die Oberweißbacher Berg- und Schwarzatalbahn. Letztere gehören zu den sogenannten RegioNetzen, einem Gemeinschaftsunternehmen von DB-Regio und DB-Netze als mittelständische Gesellschaften.

Vertöchtert und verschachtelt

Und dann noch die Eisenbahnverkehrsunternehmen mit den Bundesländern, Kommunen, Privaten, Staatsbahnen in anderen Ländern als Eigentümer, vielfältig, ein verwirrendes Bild von der Anhaltischen Bahn bis zur Westfälischen Landeseisenbahn. Die wichtigsten sind:

- Veolia Verkehr (ehemals Connex), die als Nord-Ostsee-Bahn, Veolia Verkehr Sachsen-Anhalt, Veolia Verkehr Regio Ost, Niederbarnimer Eisenbahn, Ostseeland-Verkehr, Nord-West-Bahn, Rheinisch-Bergische Eisenbahn-Gesellschaft, Bayerische Oberlandbahn, Württembergische Eisenbahn-Gesellschaft anzutreffen ist
- Netinera Deutschland (ehemals Arriva) mit Prignitzer Eisenbahn, Regentalbahn, Vogtlandbahn, Ostdeutsche Eisenbahn, Osthannoversche Eisenbahnen, seit 25. Februar 2011 im Besitz eines Konsortiums unter Führung der italienischen Staatsbahn Ferrovie dello Stato (FS).
- Agilis in Regensburg, Tochtergesellschaft von BeNEX[1] und Hamburger Hochbahn
- Häfen und Güterverkehr Köln (HGK)
- Harzer Schmalspurbahnen
- Hohenzollerische Landesbahn
- ITL Eisenbahngesellschaft in Dresden,

1 Die BeNEX ist wiederum eine Tochtergesellschaft der Hamburger Hochbahn.

gehört zu 75 Prozent der Nationalgesellschaft der Französischen Eisenbahnen (SNCF)

- Kreisbahn Siegen-Wittgenstein, ehemals Siegener Kreisbahn
- Mitteldeutsche Eisenbahn in Schkopau, mehrheitliche Tochtergesellschaft von DB Schenker Rail
- Metronom Eisenbahngesellschaft in Uelzen
- Cantus Verkehrsgesellschaft in Kassel, Tochtergesellschaft der BeNEX und der Hessischen Landesbahn
- Hessische Landesbahn
- Erfurter Bahn,
- Süd-Thüringen-Bahn, Unternehmen der Erfurter Bahn und der Hessischen Landesbahn.

Die Eigentumsverhältnisse offenbaren sich keineswegs auf den ersten Blick. Manche der Bahnen gehören zu ausländischen Konzernen wie die EKO[2] Transportgesellschaft, die hauptsächlich schwere Erzzüge von Hamburg und Rostock nach Ziltendorf fährt und den EKO-Werkverkehr ausführt, die zu einer Holding von Invest- und Finanzierungsgesellschaften sowie dem Stahlunternehmen ARBED in Luxemburg gehört.

Um derartige Verflechtungen braucht sich ein Lokführer-Anwärter nicht zu kümmern, die mit ihren Anschriften häufig Triebfahrzeugführer im Internet werben. Die Bahnunternehmen folgen, abgesehen von wenigen »schwarzen Schafen«, die sich die schnell ausgebildeten Lokomotivführer von Zeitarbeitsfirmen holen, den von dem Verband Deutscher Verkehrsunternehmen erlassenen Grundsätzen der Ausbildung und Prüfungen, die im Prinzip denen der Deutschen Bahn gleichen. Zu den seriösen Zeitarbeitsfirmen gehört die Ausgründung bei der Deutschen Bahn. Auch die lässt Lokomotivführer wie die für die Nichtbundeseigenen Eisenbahnen nach dem Regelwerk der Deutschen Bahn ausbilden. Mehr zur Ausbildung im 4. Kapitel.

Es kann nicht schaden, wenn man sich bei der Bewerbung, ob nun schriftlich oder mündlich, über das Unternehmen, seine Zug- und Dienstleistungen sowie grundsätzlich über die Tätigkeit (nicht den »Job«!) des Triebfahrzeugführers informiert zeigt. Mit gesundem Selbstbewusstsein aufzutreten, ist keineswegs verkehrt, schließlich ist auch die andere Seite an dem künftigen Lokomotivführer interessiert. Fragen des Bewerbers gehören zum Gespräch, zum Beispiel die, welche Probleme man bei der künftigen Tätigkeit zu erwarten hat oder warum es an Lokomotivführern im Unternehmen mangelt.

Reagiert der Angesprochene ausweichend, einsilbig oder leugnet, es gäbe keine Probleme, ist Vorsicht geboten. Vielleicht ist das Schamgefühl derart groß, dass nicht auf die Frage eingegangen wird. Sofern sich ein ungutes Gefühl einstellt, Hände weg vom Arbeitsvertrag! Das ist besser, als später beim Alleinsein im Führerraum ständig mit der voreiligen Entscheidung zu hadern. Bei einer anderen Eisenbahn wird man vielleicht zufriedener; Lokomotivführer werden immer gebraucht.

Der erste Schreck kommt spätestens dann, wenn über die Bezahlung gesprochen wird, weil insbesondere viele Jugendliche absurde Vorstellungen haben. Sie denken an Vergütungen wie Flugkapitäne. Die Streiks der in

2 EKO ist die Abkürzung für Eisenhüttenkombinat Ost, wie sich der Betrieb in der DDR nannte.

Schlecht bezahlt

Es schwingt Mitleid mit, wenn Bernd Bockstahler, der Sprecher der Pilotenvereinigung »Cockpit« das Gehalt von Lokomotivführern kommentiert. Sie tragen für das Leben von Menschen mehr Verantwortung als ein Flugkapitän, denn ein gut besetzter Intercity fährt mit zwei- bis dreimal so vielen Fahrgästen durch das Land als ein Flugzeug. Auf dem Lohnzettel drückt sich das nicht aus.
Piloten verdienen monatlich zwischen 3500 (Einsteiger bei Regional-Fluglinien) und 17.000 Mark brutto (sehr erfahrene Piloten bei großen Fluggesellschaften). Ein Anfänger verdient laut Tarifvertrag im ersten Jahr monatlich etwa 3500 Mark brutto und 600 Mark Zulagen; altgediente Lokomotivführer erreichen etwa 3700 Mark und etwa 800 Mark Zulagen, also nur etwa 400 Mark mehr.
Die Gewerkschaft der Eisenbahner Deutschlands hält das Gehalt für zu gering. In Bayern sei wegen der hohen Lebenshaltungskosten kaum noch ein Einsteiger bereit, zum üblichen Tarif zu arbeiten.
Planfahrer kennen ihre Dienstzeiten in einer Fahrplanperiode, aber »Springer« wissen nicht einmal, welche Züge sie übermorgen fahren. »Am Freitag immer zum Kegeln und sonntags zum Kicken – das lässt sich nicht garantieren«, bemerkte Wolfgang Joosten von der Eisenbahnergewerkschaft. Scheidungen und Trennungen kämen recht häufig vor, gerade bei jungen Leuten.

Die Angaben wurden der »Süddeutschen Zeitung« vom 9. Februar 2000 entnommen.

der Gewerkschaft Deutscher Lokomotivführer organisierten Beschäftigten 2007/2008 und 2010/2011 sowie die Reaktionen der Deutschen Bahn und der anderen Verkehrsunternehmen darauf in der Öffentlichkeit erweckten einen zwiespältigen Eindruck, wenn die eine Seite erklärte, die Lokomotivführer seien überbezahlt, die andere von einer lausigen Vergütung sprach. Manfred Schell, der Vorsitzende der Gewerkschaft Deutscher Lokomotivführer zur Zeit der Tarifauseinandersetzung 2007/2008, begründete sein Verlangen damit, 1500 Euro netto seien völlig unangemessen für die verantwortungsvolle Arbeit eines Lokomotivführers.

Dieser Eindruck verfestigte sich beim Vergleich von 2002 zu 2006: Gehalt um fast 10 Prozent gesunken, Vorstandsgehälter um rund 77 Prozent gestiegen. Hier wie in anderen Branchen taugt das Argument der absurden Managergehälter nicht, wenn zu beurteilen ist, ob gerecht entlohnt wird. Das Entgelt der verschiedenen Hierarchieebenen wird immer als ungerecht betrachtet. Vergleichen muss man mit Berufsgruppen, die ähnlichen Belastungen (Arbeitszeit, Verantwortung) unterliegen. Als Beispiele werden meist die Fernfahrer genannt, die ebenfalls unbeliebte Arbeitszeiten haben und regelmäßig fernab der Familie auf Rastplätzen am Rande der Autobahn übernachten, nicht im Hotel wie die Lokomotivführer.

Der maximale Tariflohn der Lkw-Fahrer bewegt sich noch unter dem Einstiegsgehalt der Lokomotivführer. Nicht anders ergeht es Altenpflegern, Bäckern und Stahlarbeitern. Letztere sind oft lediglich angelernt, doch auch sie arbeiten im Schichtdienst und in der Regel unter großen körperlichen Belastungen, verdienen aber nach dem Archiv der gewerkschaftsnahen Hans-Böckler-Stiftung fast 400 Euro weniger als die Berufsanfänger unter den Lokomotivführern.

Gehalt und Zulagen

Je nachdem, zu welcher Kategorie der Lokomotivführer gehört, ob Lokrangierführer, als Strecken-, Auslands-, Ausbildungs- oder Lehrlokomotivführer eingesetzt, betrug das monatliche Grundentgelt, das sogenannte Monatstabellenentgelt nach dem Stand vom Sommer 2011 je nach Qualifikation und Ausbildung zwischen 2.300 und 3.000 Euro. Hinzu kommt ein Weihnachtsgeld in Höhe eines halben Monatsentgelts. Darüber hinaus werden Zulagen für Sonntags-, Feiertags- und Schichtarbeit, Rufbereitschaft und Fahrentschädigung gezahlt, so dass das Jahresbruttogehalt bei den Unternehmen der Deutschen Bahn je nach Qualifikation und Berufserfahrung zwischen 33.000 und 42.400 Euro liegt.

Hinzu kommen die Sozialleistungen im DB-Konzern. Dazu gehören Fahrvergünstigungen (Freifahrt, Personaltarif), die betriebliche Altersversorgung, die Beschäftigungssicherung, eine Betriebsgastronomie, Sonderzahlungen bei Betriebsjubiläen, Unterstützung in unverschuldeten Notfällen, umfassende Gesundheitsprogramme, Betriebssport und Rabatte für Fitnessstudios.

Die Angaben zum Gehalt bei den verschiedenen Eisenbahnunternehmen sind widersprüchlich, werden auch oft damit begründet, man könne sie wegen unterschiedlicher Arbeitsanforderungen nicht miteinander vergleichen. Für dieses Buch befragte Lokomotivführer der Deutschen Bahn antworteten, sie werden »an-

ständig bezahlt«. Wer mit solchen Aussichten einverstanden und wenn auch der Arbeitgeber am Bewerber interessiert ist, beginnt die Auswahl, zu der die physiologischen, psychologischen Tests und der Einstellungstest gehören. Der Bewerber wird zur bahnärztlichen Untersuchung geschickt, um festzustellen, ob die Gesundheit und die Fähigkeiten, insbesondere der Arbeitsgenauigkeit, Konzentration und Stressresistenz, den beruflichen Anforderungen entsprechen. Im Einzelnen sind das:

- Sehvermögen
- Farbtauglichkeit
- Gesundheitszustand
- Drogentests
- Motorische Fähigkeiten
- Logisches Denken
- Beweglichkeit des Denkens
- Praktisches Denken
- Gedächtnisleistung
- Informationsaufnahme
- Mehrfachhandlung
- Konzentrationsfähigkeit
- Sozialverhalten
- Lernfähigkeit
- Arbeitsverhalten. [24]

Sehuntüchtige und Farbenblinde kommen als Lokomotivführer nicht in Frage. Allerdings sind Brillenträger unter bestimmten Umständen kein Handicap. Medizinisch wird festgestellt, ob der Bewerber unter gesundheitlichen Störungen leidet, Arzneimittel oder Stoffe nimmt, die zur plötzliche Bewusstlosigkeit, zur Verminderung der Aufmerksamkeit oder der Konzentration, zur plötzliche Handlungsunfähigkeit, zum Verlust des Gleichgewichts oder der Koordination führen und ob seine Mobilität erheblich eingeschränkt ist. Ein Rollstuhlfahrer als Lokomotivführer ist undenkbar.

Der Bewerber muss bei der Prüfung des Sehvermögens eine Fern-Sehschärfe mit oder ohne Sehhilfe von 1,0; mindestens 0,5 für das schlechtere Auge nachweisen. Die Tauglichkeitsvorschriften lassen die Korrektur der Linsenstärke in bestimmtem Maße zu, auch Ausnahmen durch das Eisenbahn-Bundesamt. Das Sehvermögen auf nahe und mittlere Entfernung muss mit oder ohne Sehhilfe ausreichend sein. Kontaktlinsen und Brillen sind zulässig, sofern das Sehvermögen regelmäßig von einem Augenarzt überprüft wird.

Die normale Farbwahrnehmung wird durch Tests ermittelt. Einzustellen hat man sich darauf, dass in einer Vielzahl farbiger Punkte eine wiederum durch Farbpunkte zusammengesetzte Zahl erkannt wird. Das Sichtfeld muss vollständig sein, das Sehvermögen beider Augen effektiv, es sei denn, der zu Prüfende verfügt über eine angemessene Anpassung. Ob farbige Signale erkannt werden, wird nicht dadurch geprüft, dass Farbunterschiede erkannt werden, sondern einzelne Farben. Die Empfindlichkeit für Kontraste muss gut sein. Der Bewerber darf nicht an fortschreitenden Augenkrankheiten leiden und nicht gegen Blendung überempfindlich sein.

Linsen mit UV-Filter sind zugelassen, Linsenimplantate, Keratotomien und Keratektomien nur, wenn sie jährlich oder in vom Arzt festgelegten regelmäßigen Abständen überprüft werden, farbige Kontaktlinsen und fotochromatische Linsen überhaupt nicht.

Der Arzt wird das Hör- und Sprachvermögen prüfen und durch ein Audiogramm nachweisen, ob akustische Warnsignale und Funkmeldungen gehört werden. Dabei darf bei der Tauglichkeitsuntersuchung ein Defizit von über 30 dB bei 500 und 1.000 Hz vorliegen und kein

S75 Spandau
M
DB
28

Gut hören und sehen, schon wegen der Signale. S-Bahn der Linie 75 nach Spandau nahe Jannowitzbrücke in Berlin (2009). Foto: Emersleben

Hördefizit von über 45 dB bei 2.000 Hz bei dem Ohr, das die schlechtere Schallleitung aufweist. Die Verwendung von Hörhilfen ist in bestimmten Fällen zulässig.

Deutliche Mitteilungen

Weil der angehende Lokomotivführer sich anderen laut und deutlich mitteilen muss, darf er nicht an chronischen Sprachstörungen leiden. Er muss sich im Regelbetrieb, bei Unregelmäßigkeiten und im Notfall in deutscher Sprache in Wort und Schrift verständigen können, was für die Befehlsübermittlung beispielsweise vom Fahrdienstleiter sehr wichtig ist. Die vom Arzt geprüfte Ausdrucksfähigkeit wurde wichtiger, weil mit der Arbeitnehmerfreizügigkeit auch ausländische Lokomotivführer in Deutschland eingesetzt werden können.
Umgekehrt fahren auch deutsche Lokomotivführer ins Ausland. Anders als im Flugwesen ist nicht die englische Sprache die lingua franca, sondern das Zugpersonal soll in der jeweiligen Landessprache versiert sein. Im »Korridorverkehr«, dem vereinfachten Durchgangsverkehr, wie er zwischen Hagenwerder und Hirschfelde durch Polen oder zwischen Großschönau (Sachs) und Seifhennersdorf durch Tschechien besteht, gehen die Bahnen pragmatisch vor, indem sie wichtige Unterlagen, zum Beispiel schriftliche Befehle, zweisprachig vorhalten. Im Grenzgebiet sind ohnehin die meisten Eisenbahner in der Lage, sich umgangssprachlich mit den Kollegen der Nachbarbahn zu verständigen.
Mehr an Sprachkenntnissen wird ohnehin verlangt, wenn der Zug weiter als nur im Grenzgebiet fährt. Die Richtlinie 2007/59 der Europäischen Gemeinschaft vom 23. Oktober 2007 verlangte im Anhang VI unter »8. Sprachführungen«: »Triebfahrzeugführer, die sich mit dem Infrastrukturbetreiber über kritische Sicherheitsfragen austauschen müssen, müssen über Kenntnisse der vom betreffenden Infrastrukturbetreiber angegebenen Sprache verfügen. Ihre Sprachkenntnisse müssen ihnen eine aktive und effiziente Kommunikation im Routinebetrieb, in schwierigen Situationen und im Notfall erlauben.
[...] Triebfahrzeugführer müssen in der Lage sein, sich auf dem Niveau der Stufe 3 der folgenden Tabelle zu verständigen:
Sprach- und Kommunikationsniveau:
Die mündliche Ausdrucksfähigkeit in einer bestimmten Sprache lässt sich in fünf Stufen unterteilen.« Danach werden die Stufen beschrieben; bei Stufe 3 heißt es:

» - kann praktische Situationen mit einem unerwarteten Element meistern
- kann beschreiben
- kann ein einfaches Gespräch weiterführen [...]«

Mit anderen Worten: Grundkenntnisse der Eisenbahnersprache im jeweils befahrenen Land sind notwendig.
Die Lokomotivführer des Personenfernverkehrs der Deutschen Bahn fahren

- in Frankreich bis nach Paris
- in Belgien bis nach Brüssel
- in den Niederlanden nach Amsterdam.

Die Lokomotivführer des Personennahverkehrs fahren
beispielsweise:

- in Polen bis Stettin (Sczecin) und Küstrin (Kostrzyn)
- in Tschechien bis Falkenstein (Sokolov), Eger (Cheb) und Hradek n.N. (Grottau)

- in Frankreich bis Hanweiler, Sareguemines, Straßburg, Vorbach und Metz
- in den Niederlanden bis Heerlen und Enschede.

Die Güterzüge mit deutschen Lokomotivführern fahren zum Beispiel bis:

- Lobositz (Lovosice), Mělnik (Melnik) und Nymburk (Nimburg) in Tschechien
- Nyborg, Taulov und Fredericia in Dänemark
- Antwerpen, Kinkempois und Muizen in Belgien
- Erstfeld in der Schweiz
- Kijfhoek in den Niederlanden
- zum Brenner in Österreich und
- Voippy, Lerouville, Metz und Thionville in Frankreich.

Nach diesem Exkurs in die Sprachwendigkeit des Bewerbers bzw. die ihm in der Weiterbildung vermittelte wenden wir uns weiteren Schwerpunkten der medizinischen Untersuchung zu.

Durch Blut- oder Urinanalysen, wird festgestellt, ob der Bewerber an einer Zuckerkrankheit leidet. Es folgen die Untersuchung auf psychotrope Stoffe (verbotene Drogen, Arzneimittel, Alkoholmissbrauch), die die berufliche Eignung in Frage stellen sowie bei Bewerbern, die älter als 40 Jahre sind, ein Ruhe-Elektrokardiogramm (EKG).

Zur psychologischen Untersuchung gehören, wie bereits angeführt, die nach den kognitiven Fähigkeiten wie Aufmerksamkeit und Konzentration, Gedächtnis, Wahrnehmungsfähigkeit,

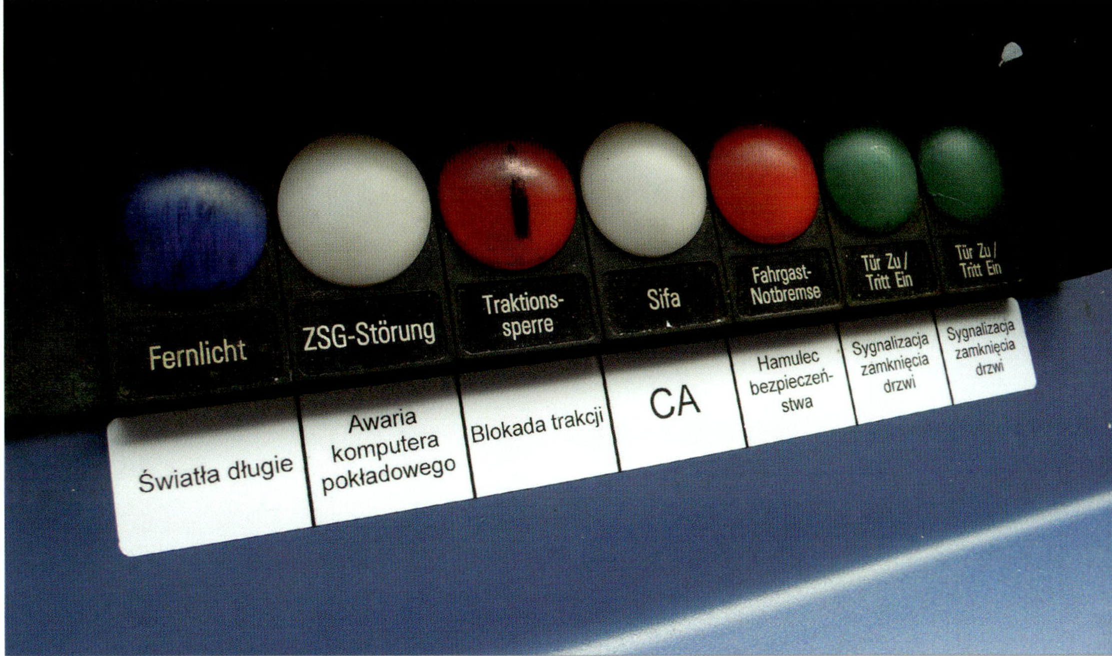

Polnische Beschriftung im Triebwagen der Baureihe 642, der für die Weiterfahrt von Dresden nach Breslau (Wroclaw) in Görlitz von einem polnischen Lokomotivführer übernommen wird (2009).
Foto: Emersleben

Den ICE-3, Baureihe 406, von Frankfurt (Main) nach Paris Est fahren Lokomotivführer der Deutschen Bahn (2007).
Foto: Emersleben

ICE
DB

Urteilsvermögen, nach der Kommunikation, nach den psychomotorischen Fähigkeiten (Reaktionsgeschwindigkeit, Koordination der Hände), nach den tätigkeitsrelevanten Persönlichkeits- und Einstellungsfaktoren.

Neben der Tauglichkeit und der körperliche Eignung[3] , die alle drei Jahre erneut geprüft wird, legt die Deutsche Bahn Wert auf »persönliche Zuverlässigkeit«. Wer die Schule mit einem Zeugnis verlässt, das nicht darauf schließen lässt (unentschuldigtes Fehlen zum Beispiel), kann bei ihr und anderen seriösen Verkehrsunternehmen nicht erwarten, zum Lokomotivführer ausgebildet zu werden.

Das Mindestalter für die Klassen 1 (Rangierlokomotiven) und 2 (einfache Betriebsverhältnisse, zum Beispiel Teilnetze im Stadt-, Vorort- oder Regionalverkehr) beträgt 18 Jahre. Die Deutsche Bahn gibt als Mindestalter 21 Jahre an. Bei der Länge der Ausbildung im Beruf Eisenbahner im Betriebsdienst kann man mit 18 Jahren beginnen. Mit diesem Altersunterschied entspricht der Gesetzgeber den unterschiedlichen Anforderungen und Einsatzmöglichkeiten. Die neue Führerschein-Richtlinie kennt nur noch die Klassen A und B und verlangt als Mindestalter 20 Jahre, wenn der Führerschein ausgehändigt wird. Wer es will und kann, arbeitet sich vom Lokrangierführer bis zum Lokomotivführer »hoch«, der Fernzüge fährt (mehr dazu im nächsten Kapitel).

Auch die Triebfahrzeugführerschein-Verordnung verlangt, dass die deutsche Sprache in Wort und Schrift »im erforderlichen Umfang« beherrscht wird, dass der Bewerber nicht unter Suchterkrankungen (Alkohol, Drogen) leidet und auch nicht erheblich oder wiederholt gegen verkehrsrechtliche Vorschriften oder Strafgesetze verstieß.

Für die Ausbildung zum Eisenbahner im Betriebsdienst mit der Fachrichtung Lokführer und Transport möchte die Deutsche Bahn als Schulabschluss vorzugsweise die mittlere Reife oder ein innerhalb der Europäischen Union vergleichbaren anerkannten Schulab-

3 Bei der Deutschen Bahn unterscheidet man zur Zeit zwischen körperlicher Tauglichkeit und psychologischer Eignung. Regelmäßige psychologische Wiederholungsuntersuchung sind gegenwärtig für Triebfahrzeugführer nicht vorgesehen, Tauglichkeitsnachuntersuchungen alle drei Jahre.

Warten auf ihre Führer, die Lokomotiven im Betriebshof Nürnberg (2009). *Foto: Emersleben*

Der ICE von Hamburg in Bad Bellingen hat es nicht weit bis zur schweizerischen Grenze zwischen Weil und Basel (2005). Auf dem SBB-Bahnhof dürfte es kaum Sprachprobleme geben.
Foto: Erich Preuß

schluss. Der erfolgreiche Abschluss einer Berufsausbildung, vorzugsweise einer gewerblich-technischen Ausbildung, bezieht sich auf die sogenannte Funktionsausbildung. Sie dauert auch nicht drei Jahre, sondern nur neun Monate.

3. Weit oder nah?

Wo kann ich Lokomotivführer werden?

Stets waren in verschiedenen Unternehmen Lokomotivführer tätig, nicht nur bei den Staatseisenbahnen, wie nach dem Zweiten Weltkrieg bei der Deutschen Bundesbahn oder der Deutschen Reichsbahn. In der Bundesrepublik Deutschland kamen noch die Nichtbundeseigenen Eisenbahnen hinzu, in der DDR standen wenige Bahnen unter kommunaler Leitung wie die Strausberger Eisenbahn; in beiden deutschen Staaten bestanden aber auch die Werk- und Anschlussbahnen von unterschiedlicher Größe. Man denke nur an das mitunter weite Netz der Kohlenbahnen.

Inzwischen ist das Bild der Verkehrsunternehmen noch bunter geworden, denn infolge der Liberalisierung des Verkehrsmarktes von 1996 an kann jeder ein Eisenbahnverkehrsunternehmen gründen und Eisenbahner beschäftigen, sofern er sich an die Vorgaben der Verordnung, und zwar Paragraf 6 der Eisenbahn-Bau- und Betriebsordnung (»Erbringung von Eisenbahnverkehrsleistungen«) hält, was von der Aufsichtsbehörde, dem Eisenbahn-Bundesamt oder der von der Landesregierung bestimmten Behörde, streng kontrolliert wird.

Neben den Zügen der Deutschen Bahn fährt im deutschen Eisenbahnnetz eine Vielzahl von Eisenbahnverkehrsunternehmen. Es sollen

Mit dem Elefanten: Das Unternehmen Uwe Adam fährt vor allem Bau- und Arbeitszüge (2011).
Foto: Emersleben

über 330 sein, aber einige davon sind sogenannte Infrastrukturunternehmen, die lediglich die Bahnanlagen für andere Betreiber zur Verfügung stellen. Für angehende Lokomotivführer sind Verkehrsunternehmen interessant, die zum größten Teil im Verband Deutscher Verkehrsunternehmen (VDV) Mitglied sind. Größe und Aufgaben der Nichtbundeseigenen Eisenbahnen (NE-Bahnen), also der Bahnen in Deutschland, die sich nicht mehrheitlich im Besitz des Bundes befinden, sind höchst unterschiedlich. Ihr Aktionsradius reicht meist über das eigene Bahnnetz hinaus, manche sind auch Subunternehmer für die Deutsche Bahn, wie die Eisenbahn-Verkehrsbetriebe Elbe-Weser, die als »Nordseebahn« den Personennahverkehr der Strecke Bremerhaven – Cuxhaven ausführen. Andere Bahnen wie das Unternehmen Uwe Adam sind auf Bau- und Arbeitszüge spezialisiert, wieder andere wie die Osthavelländische Eisenbahn sind mit Güterzügen im gesamten Netz der Deutschen Bahn unterwegs.

Eines kann der angehende Lokomotivführer von diesen Bahnen nicht erwarten: im Fernverkehr mit Supergeschwindigkeiten unterwegs zu sein. Denn mangels finanzieller Unterstützung durch die sogenannten Aufgabenträger (Bundesländer, Verkehrsverbünde) und infolge unzureichenden oder fehlenden Vertriebs (Werbung, Fahrplanauskunft, Fahrscheinverkauf) sowie fehlender Möglichkeit, einen Taktverkehr zu gestalten, blieb der Anteil der NE-Bahnen am Personenfernverkehr gering. Einige gaben ihn nach kurzer Zeit auf. Stabil geblieben sind folgende Verbindungen:

- Interconnex: Leipzig – Berlin – Neustrelitz – Waren (Müritz) – Rostock-Warnemünde
- Harz-Berlin-Express: Berlin – Mag-

Ein HEX-Zug in Magdeburg Hbf (2009). An den Wochenenden fährt der zu Veolia-Verkehr gehörende Harz-Elbe-Express zwischen Berlin und dem Harz. *Foto: Erich Preuß*

deburg – Halberstadt – Vienenburg/– Quedlinburg – Thale

- Vogtland-Express: (Hof –) Plauen – Chemnitz – Riesa – Berlin[1]
- Nachtzug der Georg Verkehrsorganisation: Berlin – Malmö.

Das Hauptgeschäft der NE-Bahnen ist der Personennahverkehr mit der Zuggattung Regionalbahn und ist der Güterverkehr zum Teil über weite Entfernungen. Sie profitieren hauptsächlich von den Zuschüssen, welche die »Aufgabenträger« (Bundesländer, Verkehrsverbünde) für den bestellten öffentlichen Personennahverkehr bezahlen. Sie sind aber auch rege im Güterverkehr tätig.

Das sollte jeder bedenken, wenn er sich als Lokomotivführer bei einem Verkehrsunternehmen außerhalb der Deutschen Bahn bewirbt. Ihm bleibt der Dienst im Güterzug- und Personennahverkehr, wobei auch dessen Züge beachtliche Entfernungen zurücklegen. Die erstklassigen Züge Intercity, Eurocity und Intercity-Express fahren nur bei der Deutschen Bahn.

Bei ihr wird, wie eigentlich bei allen Unternehmen, von den Beschäftigten, auch im Lokfahrdienst, große Flexibilität erwartet. Die Beschäftigung richtet sich nach Auftragslage. Einerseits besteht der Trend, ständig am Personal zu sparen (man spricht auch von Arbeitsverdichtung), worauf bei der Deutschen Bahn seit 1994 der Personalbestand um mehr als die Hälfte verringert wurde, ebenso die Zahl der Lokomotivführer. Andererseits wird in Konjunkturzeiten mehr Personal benötigt, so dass dann die im 4. Kapitel beschriebene »Funktionsausbildung« hilft.

Vom Wohnort entfernt

Als infolge der Wirtschaftskrise 2009/2010 der Güterverkehr abnahm und DB-Schenker Rail einen Teil seiner Lokomotivführer nicht benötigte, wurden einige von ihnen zum Fahrdienstleiter ausgebildet, was den akuten Fahrdienstleitermangel linderte. Die Umschulung wurde auch dadurch begünstigt, dass der Lokomotivführer in der Regel zum Eisenbahner im Betriebsdienst ausgebildet war und auf dieser Vorbildung aufbauen konnte. Er muss, wie jeder Eisenbahner bei der Deutschen Bahn, damit rechnen, dass ihm ein Arbeitsplatz angeboten wird, der von seinem Wohnort und Lebenskreis beträchtlich entfernt ist. Versetzungen von Leipzig nach Oberbayern sind keineswegs selten. 2011 hat sich die Arbeitsmarktlage stabilisiert. Infolge der demografischen Entwicklung wird ein zunehmender Bedarf erwartet. Die Ausbildungszahlen wurden deshalb bereits stark angehoben.

Dagegen muss die Deutsche Bahn im Personennahverkehr mit Überraschungen rechnen. An dessen Leistungen (Personen mal Kilometer) ist sie mit weniger als 80 Prozent beteiligt. Er wird von den Aufgabenträgern ausgeschrieben, und das günstigste Angebot wird bestellt, meist auf Kosten des Personaleinsatzes und der Entlohnung. Für einen gewissen Zeitraum erhält mal das eine, mal das andere Unternehmen den Auftrag, für mehrere Jahre die Züge zu fahren. So musste die Deutsche Bahn auf der Strecke Cottbus – Görlitz – Zittau den gesamten Personennahverkehr an

1 *Zwischenzeitlich wurden auch Autobusse eingesetzt.*

Auch ein Auftrag: Als Darsteller des Films »Wir müssen kämpfen für das, was wir lieben« auf dem Bahnhof Putbus (2010). Die verfremdete Lokomotive trägt sonst die Nummer 99 4802.
Foto: Emersleben

Connex-Verkehr (umbenannt in Veolia-Verkehr) abtreten und dieser nach vier Jahren an die Ostdeutsche Eisenbahn-Gesellschaft.
Solche Veränderungen wirken sich insbesondere auf die Triebfahrzeugführer und das Instandhaltungspersonal aus, weil die Unternehmen sowohl Überbestand als auch Bedarf haben können. Bei Überbestand bleibt dann nur, wenn nicht ohnehin der befristete Arbeitsvertrag ausgelaufen ist, der Wechsel in eine andere Region mit Bedarf oder zum anderen Unternehmen mit all den Misslichkeiten in der Lebensplanung und –führung. Der Arbeitsplatz ist auf Dauer nicht sicher.

Das große Unternehmen Deutsche Bahn kann auf derartige Veränderungen flexibler reagieren als kleine Gesellschaften. Der Bewerber muss die Vor- und Nachteile abwägen, auch ob er lieber im Nahbereich seiner Heimat bleiben möchte oder auf den Schienensträngen quer durch Deutschland unterwegs sein möchte mit Übernachtung in einem Hotel.
Über den Charakter des Verkehrs der verschiedenen Unternehmen kann man sich in diversen Büchern und im Internet erkundigen. Die Museums- und Touristikbahnen benötigen ebenfalls Lokomotivführer aller Traktionsarten. Rund 90 sind im Verband Deutscher Muse-

ums- und Touristikbahnen (VDMT) Mitglied, einige Eisenbahnverkehrsunternehmen auch mit eigenen Strecken. Lokomotiven dieser Bahnen befahren mitunter auch Strecken der Deutschen Bahn und der NE-Bahnen, nicht nur im Nahbereich. Bei diesen Bahnen bestehen erhebliche Varianten der Traktion und des Eisenbahnbetriebes, von der großen Dampf- oder Diesellokomotive bis zum Feldbahnbetrieb oder dem Fahren mit Dampflok-Modellen. Gleichwohl müssen die Lokomotivführer, wenn die Bahnen nach der Eisenbahn-Bau- und Betriebsordnung betrieben werden, wie die Kollegen der anderen Eisenbahnverkehrsunternehmen ausgebildet und geprüft sein.

Museumsbahnen: Ehrenamtliche

Allerdings beschäftigen die Museumsbahnen nicht hauptberuflich Lokomotivführer (und -heizer). Ihre Ehrenamtlichen sind oder waren bei den Staatsbahnen, der Deutschen Bahn oder Nichtbundeseigenen Eisenbahnen beschäftigt. Bei der Selfkantbahn von Schierwaldenrath nach Gillrath (1000 mm Spurweite) zum Beispiel sind unter den 15 Lokomotivführern zwei, die ansonsten bei DB-Regio beschäftigt sind, weitere zwei sind gewerbliche Arbeitnehmer. Bei der Brohltalbahn von Brohl nach Engeln (1000 mm Spurweite) sind mehr Eisenbahner hauptamtlich tätig, aber nicht nur als Lokomotivführer. Andere Bahnen holen sich den Nachwuchs vom »zweiten Arbeitsmarkt«.
Die Funktionäre des Verbandes Deutscher Museums- und Touristikbahnen (VDMT) meinen, ihre Lokomotivführer seien versierter als der Durchschnitt bei der Deutschen Bahn, weil ihr Wissen um die Fahrzeugtechnik prinzipiell größer sei als das der DB-Kollegen, die im Störungsfall nur eingeschränkt eingreifen können. Der größere Unterschied besteht im Betriebsverfahren, für das die Lokomotivführer ausgebildet werden: sowohl nach der Richtlinie 408 (ehemals Fahrdienstvorschrift der Deutschen Bundesbahn bzw. Fahrdienstvorschriften der Deutschen Reichsbahn) als auch nach der Fahrdienstvorschrift der Nichtbundeseigenen Eisenbahnen.
Lokomotivführer für den Dampfbetrieb wurden hauptsächlich, sofern sie nicht bereits als solche bei den Staatsbahnen tätig waren, im Dampflokwerk Meiningen oder an der Lokomotivfahrschule Güstrow ausgebildet, in letzter Zeit von den Harzer Schmalspurbahnen, was aber immer mit beträchtlichen Kosten verbunden war und ist. Da die Züge der Museums- und Touristikbahnen, abgesehen von wenigen wie die der Harzer Schmalspurbahnen oder der Sächsisch-Oberlausitzer Eisenbahn-Gesellschaft, nur an wenigen Tagen fahren, suchen die Bahnen nach zusätzlicher Beschäftigung ihrer angestellten Lokomotivführer, etwa im Regionalverkehr. Manche der Museumsbahnen fahren nicht mehr mit eigenen Dampflokomotiven, weil deren Unterhaltung und auch die Ausbildung der Lokomotivführer für nur wenige Einsatztage zu teuer geworden sind. Ohnehin gibt es Auffassungen, dass bei jüngeren Mitarbeitern das Interesse am Dampflokbetrieb zurückgegangen sei. Ihnen fehlt das Erleben dieser Alltagskultur.
Ungeachtet dessen kann man sich bei den Museumsbahnen bewerben und eventuell sich als Lokomotivführer für Dampflokomotiven ausbilden lassen. Das wird aber, weil selbst zu bezahlen, keine billige Angelegenheit.

Wer dagegen vom Geschwindigkeitsrausch träumt, den er als Führer eines ICE erleben möchte, hat einen weiten Weg vor sich. Anfangs wird er bei DB-Fernverkehr als Zugbereitsteller eingesetzt, bei DB-Schenker als Lokrangierführer, bei DB-Regio als Zugbereitsteller, ehe er Strecken-Triebfahrzeugführer wird, und nur bei DB-Fernverkehr ergibt sich die Chance, den Intercity-Express führen zu dürfen. Allerdings, was den Geschwindigkeitsrausch angeht, auch als Streckenlokomotivführer kann man mit Zügen bis zu 200 km/h Geschwindigkeit unterwegs sein.

Das Berufsleben des Triebfahrzeugführers wird von der Weiterbildung bestimmt (siehe Kapitel 4). Dass jemand 15 Lizenzen für die verschiedenen Triebfahrzeug-Baureihen besitzt und es zehn Jahre dauert, bis er für den Intercity-Express eingeteilt wird, ist nicht einmal selten.

Vor der Abfahrt nach Kurort Jonsdorf in Bertsdorf (2004): Sie sterben nicht aus, die Dampflokomotiven und ihre Führer, nicht bei der Sächsisch-Oberlausitzer Eisenbahn-Gesellschaft und nicht bei den Museumsbahnen. *Foto: Erich Preuß*

4. Noch ist kein Meister vom Himmel gefallen

Die Ausbildung und die Prüfungen

Die erste Hürde ist genommen, die der Auswahl, wie sie im 2. Kapitel beschrieben ist. Bevor man ein Schienenstürmer wird, sind weitere drei »Bausteine« nötig: die der Ausbildung in Form von Unterricht, Training am Simulator, in der Praxis und im Fahrbetrieb, schließlich die Prüfung, gekrönt von der Übergabe des Triebfahrzeugführerscheins, und die anschließende Ergänzungsausbildung für einzelne Baureihen.

Die im 2. Kapitel genannte Triebfahrzeugführerschein-Verordnung von 2011 enthält die Ziele der allgemeinen Ausbildung, nämlich den Erwerb theoretischer und praktischer Grundkenntnisse zur Eisenbahntechnik einschließlich der Sicherheitsgrundsätze des Eisenbahnbetriebes, der mit dem Eisenbahnbetrieb verbundenen Risiken und der verschiedenen Möglichkeiten zur Risikovermeidung, über ein oder mehrere Betriebsverfahren, Zugbeeinflussungssysteme und Signalsysteme, der technischen Anforderungen an Triebfahrzeuge, Güterwagen, Reisezugwagen und sonstige Fahrzeuge.

Der Neuling erfährt etwas über die Struktur der Rechts- und Beförderungsgrundlagen und erhält eine allgemeine Übersicht über das Regelwerk (früher Dienstvorschriften genannt). Ihm werden die Besonderheiten des Eisenbahnwesens, wie die weitaus längeren Bremswege gegenüber denen im Straßenverkehr, der Einfluss des Wetters auf die Bremswege, das Fahren im Raumabstand (und nicht auf Sicht!) erklärt. Ebenfalls: Was sind Betriebsstellen? Wozu sind Signale erforderlich? Er erfährt, welche Bahnanlagen es gibt, welche Spurweiten, Gleisabstände, wie belastbar der Oberbau ist, von den Arten der Oberleitung, der Zugbeeinflussung und der Fernmeldeanlagen. Was ist ein Bahnhof? Wie ist er zur freien Strecke abgegrenzt? Welche Weichen und Signale kommen auf Bahnhöfen vor? Ihm werden die Grundsätze der Leit- und Sicherungstechnik mit Gleisfreimeldeanlagen, Signalisierung, Fahrstraßen, Flankenschutz und Durchrutschwegen, Heißläufer- und Festbremsortungsanlagen vermittelt, die Anforderungen an Fahrzeuge und Züge mit Sicherheitsfahrschaltung, die Aufgabe und Einrichtungen der Zugbeeinflussung wie generell die Anforderungen im Bahnbetrieb.

Über die Eisenbahner werden ihm die Aufgaben der Mitarbeiter im Bahnbetrieb und deren betriebliche Kommunikation genannt.

Ein Nahverkehrszug nach Stuttgart Hbf in Schorndorf (2008). Der Neuling erfährt erst einmal viel über die Eisenbahn, ihre Anlagen und ihre Fahrzeuge. *Foto: Erich Preuß*

Die Ausbildung geht spezifisch auf die Tätigkeiten des Triebfahrzeugführers ein wie

- Vorbereitung bei Schichtbeginn
- das Zusammenstellen der Unterlagen und ihre ständige Aktualisierung
- die Vorbereitungsarbeiten am Triebfahrzeug
- das Vorbereiten des Zuges
- die Abfahrt des Zuges
- die Zugfahrt und eventuelle Besonderheiten
- das Ende der Zugfahrt
- die Abschlussarbeiten am Triebfahrzeug
- die Abschlusstätigkeiten bei Schichtende.

Auf einige Einzelheiten geht das Kapitel 5 ein, auch zur Praxis bzw. den Alltag des Lokomotivführers.

Gerade die Deutsche Bahn hat die traditionelle Ausbildung bis 2001 entrümpelt; sie besteht nicht mehr darauf, dass Lokomotivführer einen Grundberuf als Schlosser oder Elektriker erlernt haben müssen. [11] Bei der Deutschen Bundesbahn war die Ausbildung zum Lokomotivführer ohnehin nur eine Anlerntätigkeit, bei der er erst nach einer 3 1/2-jährigen technischen Ausbildung die zum Lokomotivführer begann, die wiederum nach der Laufbahnordnung für den mittleren Dienst 18 Monate dauern musste. Dann war der Lokomotivführer Beamter geworden.

Der Lokomotivführer ist bei der Deutschen Bahn kein Beamter, wie es diesen Status bei der Deutschen Reichsbahn in der DDR nicht gab. Denn die Deutsche Bahn Aktiengesellschaft hatte bei ihrer Gründung am 1. Januar 1994 als privatrechtliches Unternehmen keine hoheitlichen Aufgaben mehr. Deshalb wurden seitdem keine Beamten mehr eingestellt. Die verbeamteten Lokomotivführer der Deutschen Bundesbahn gehören zum Bundeseisenbahnvermögen (BEV). Die Arbeitsleistung dieser Lokomotivführer stellt das BEV der Deutschen Bahn zur Verfügung. Die Zahl dieser Lokomotivführer nimmt altersbedingt stetig ab.

Die Zeitspanne von der Neueinstellung bis zur ersten selbstständigen Tätigkeit als Lokomotivführer wurde bei der Deutschen Bahn erheblich verkürzt, sie erreichte außerdem 1996, dass die Ausbildung und Prüfung zu einem staatlich anerkannten Berufsabschluss führt. Über diesen Weg sichert sie sich den grössten Teil ihres Personalbedarfs.

Zwei Wege

Zwei Ausbildungswege können gegangen werden:

1. Eisenbahner im Betriebsdienst (EiB), Dauer drei Jahre oder
2. Funktionsausbildung, Dauer sieben bis neun Monate je nach der Aufgabe, zum Beispiel lokbespannte Reisezüge, Güterzüge oder Triebzüge. Voraussetzung ist allerdings eine abgeschlossene Berufsausbildung mit Abschluss an der Industrie- und Handelskammer, vorzugsweise in einem gewerblich-technischen Beruf.

Die Deutsche Bahn konnte die technischen Ausbildungsinhalte einschränken, weil unter anderem viele Funktionen in Rechnern hinterlegt sind und im Störungsfall hier keine herkömmliche Störungssuche und Fehlerbehebung möglich ist.

Die Fahrzeugtechnik ist komplizierter geworden. Trotzdem sollte bzw. muss jeder Triebfahrzeugführer in der Lage sein, Störungen an seinem Fahrzeug beheben zu können. Freilich sind die Möglichkeiten dafür geringer geworden, wenn die Relaistechnik gegen PC-Rechner ausgetauscht wurde.

Wenn dem Lokomotivführer durch Leuchtmelder oder auf andere Weise eine Störung angezeigt wird, sollte er sich, das ist jedenfalls die Ansicht der Ausbilder, einen Reim darauf machen, wie er diese beheben kann. Nur wenn er nicht mehr weiter weiß, steht ihm die »Hotline« zu einer zentralen Stelle zur Verfügung, von der aus Spezialisten ihm Ratschläge geben. Abgesehen davon werden systematisch Informationen über tatsächlich bzw. wahrscheinlich auftretende Störungen trainiert. Die abgesenkte technische Ausbildung hinterlässt im praktischen Betrieb kaum Spuren. Im Geschäftsbereich Personenverkehr wurde die Ausbildung im Rangierdienst nicht reduziert, auch wenn die Reisezüge in festen Einheiten als Triebwagen, Triebzüge (ICE), Wendezüge fahren oder als konventionelle Wagenzüge mit Lokomotiven, die selten den Zug verlassen. Dennoch wird auf den Bahnhöfen kaum noch rangiert, aus Wirtschaftlichkeitsgründen verzichten die Bahnen auf das Zu- und Absetzen von Kurs- und Verstärkungswagen. Es wird noch »geflügelt« (Teilen des Zuges für verschiedene Richtungen und Zusammensetzen aus verschiedenen Richtungen), was aber keinen nennenswerten Rangieraufwand bedeutet.

Für die Bereitstellung der Personenzüge am Bahnsteig und das Wegfahren zum Werk

In Hamm (Westf) werden zwei ICE-2 von Düsseldorf und von Köln zusammengesetzt (2005)

Foto: Erich Preuß

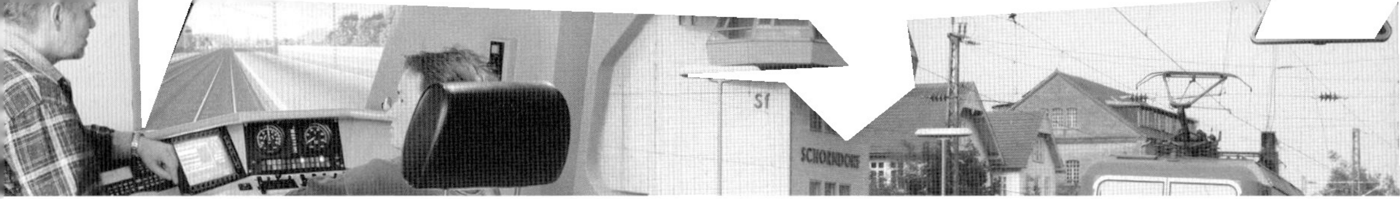

bedient sich die Deutsche Bahn der Bereitstellungs-Lokomotivführer[1]. Sie und jene, die im Güterverkehr mit Zugauflösungs- und Zugbildungsaufgaben beschäftigt sind (DB-Schenker Rail), erhalten dafür eine besondere Ausbildung. Die Deutsche Bundesbahn hatte bereits damit begonnen, Lokrangierführer einzusetzen, eine Kombination von Lokomotivführer und Rangierleiter.

Möglich wurde dieser neuartige Arbeitsplatz durch die Einführung funkferngesteuerter Rangierlokomotiven mit leicht gewordenen Bediengeräten und der automatischen Rangierkupplung.

1993 begann die Deutsche Bundesbahn, nach dem Vorbild des Facharbeiters für den Betriebs- und Verkehrsdienst der Deutschen Reichsbahn, die Facharbeiterausbildung zum Eisenbahner im Betrieb (EiB) zu organisieren. 1996 spezialisierte die Deutsche Bahn diese Ausbildung für die Fachrichtung Transport.

Die Ausbildung zum Eisenbahner im Betriebsdienst, Fachrichtung Lokführer und Transport, dauert 550 Arbeitstage bzw. drei Jahre, die sich zusammensetzen aus:

- 150 Tage Berufsschule,
- 5 Tage Einführung in den Ausbildungsbetrieb,
- 40 Tage Kaufmännische Themen und Einführung in die elektronische Datenverarbeitung,
- 5 Tage Einführung in den Eisenbahndienst.
- 57 Tage Dienstleistung und Kundenberatung,
- 47 Tage praktischer Einsatz, für Auszubildende unter 21 Jahren im Rangierdienst
- 20 Tage Prüfungsvorbereitung,
- 10 Tage Sicherheitstraining/Stressbewältigung,
- 88 Tage Fahren mit zwei Baureihen, überwacht,
- 57 Tage Technik und Betrieb bei zwei Baureihen,
- 49 Tage Betriebsdienst,
- 22 Tage Wagentechnik Reisezug und Bremsproben,

Die ziemlich lange Ausbildungszeit ist, um kurzfristig einen Bedarf zu decken, unpraktisch. Die Deutsche Bahn behilft sich mit einer verkürzten Ausbildung für jene Mitarbeiter und Bewerber, die bereits für einen technischen Beruf ausgebildet wurden. Soll nur für eine Triebfahrzeug-Baureihe ausgebildet werden, dauert diese bereits genannte Funktionsausbildung sieben Monate (139 Tage), die sich zusammensetzt aus:

- 5 Tage Vorbereitung zur Prüfung,
- 5 Tage Unregelmäßigkeiten,
- 40 Dienstschichten (mindestens) Fahren unter Überwachung,
- 30 Tage Praxistraining und technische Ausbildung,
- 24 Tage Betriebsregeln,
- 15 Tage Bremen und Wagentechnik,
- 15 Tage Triebfahrzeug- und Bahntechnik,
- 2 Tage Stressbewältigung/Konflkiktver meidung,
- 3 Tage Einführung.

Bei der Ausbildung für mehrere Baureihe reichen die sieben Monate nicht. [11]

Einen Überblick der Aus- und Weiterbildung finden Sie im Anhang, Seite 172 ff.

---

1 *Im Güterverkehr sind das die Lokrangierführer.*

Im Fahrsimulator

Die Ausbildung im Zugbetrieb wurde gegenüber dem früheren Verfahren auf dem Führerstand bzw. im Führerraum wesentlich dadurch verändert, dass die Deutsche Bahn 1996 sie auf die Simulation der Zugfahrten umstellte. Neben der Ausbildung am Personalcomputer (mit Computer Based Training = CBT, Web Based Training = WBT) zum Beispiel zur Fahrzeugschulung wird im Fahrsimulator trainiert. Nach dem Vorbild der Lufthansa ließ die Deutsche Bahn in Berlin, Fulda, Hagen, Hamburg, Köln, Leipzig, Magdeburg, Mainz, München, Nürnberg und Saarbrücken insgesamt 17 Fahrsimulatoren mit Programmen verschiedener Triebfahrzeugbaureihen von der S-Bahn bis zum ICE bauen.

Auch dadurch ließ sich die »Verwendungsfortbildung« um einige Tage verkürzen. Der große Vorteil ist auch der, dass Stresssituationen, also besondere Betriebssituationen (Baustellen, Abweichnungen vom Regelbetrieb, Wetterverhältnisse) simuliert und so die Anwärter Erfahrungen gewinnen, die sie im realen Führerraum während ihrer praktischen Ausbildung kaum oder nur zufällig erhalten. Die Fahrt im Übungsführerraum nähert sich den realen Verhältnissen optisch und akustisch: Signale, Weichen, die Oberleitung, Bahnhöfe, Topografie, Geschwindigkeit, Tag oder Nacht, die Wetter- und Sichtverhältnisse können variabel den örtlichen Gegebenheiten und Übungen angepasst werden, begleitet von je nach Triebfahrzeugbauart unterschiedlichen Geräuschen.

Der Instruktor, früher sagte man Ausbilder, weist einen Lokomotivführer in der Simulatorkabine ein.
Foto: DB/Michalke

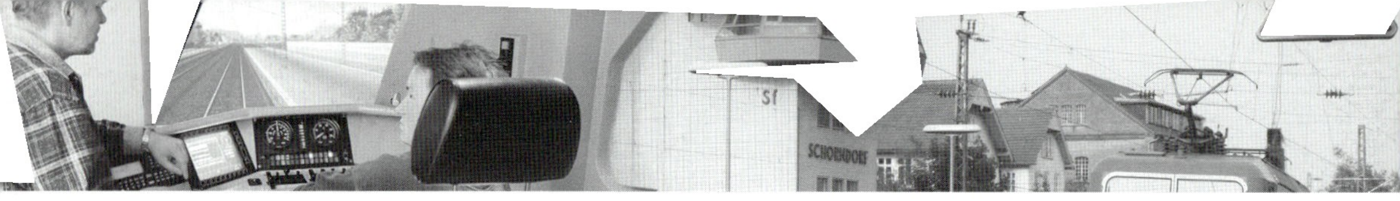

Insgesamt 2000 Kilometer Strecken in computergenerierten Bildern stehen zur Verfügung. Sie bauen sich sechzig Mal in der Sekunde vor dem Betrachter auf. Mit einem Videofilm wäre die Vielfalt an realistischer Darstellung nicht zu erreichen.

Instruktoren außerhalb der Führerkabine steuern den Simulator über die Bedienoberfläche, und eine Videokamera im Führerraum ermöglicht dem Ausbilder, mit dem Schüler im ständigen Blickkontakt zu sein. Nach den Aufzeichnungen der Instruktoren wird anschließend der Fahrtverlauf ausgewertet und aufgearbeitet. Im gleichen Raum besteht an Mitschau-Monitoren die Möglichkeit, zeitgleich die Fahrt anzuschauen und über Kopfhörer mitzuhören. Mit Knopfdruck können Sequenzen in der vorübergehend gespeicherten Übung markiert werden, damit am Ende »der Fahrt« Fragen beantwortet werden können. [12]

Die anfängliche Skepsis der das althergebrachte Verfahren gewöhnten Eisenbahner wich durch die Anerkennung, in der Simulatorkabine das zu erleben, was in der Fahrpraxis nur zufällig vorkommt und tatsächlich gefordert zu werden. Denn die Simulatorprogramme werden nicht nur für die Ausbildung der Anfänger benutzt, die Lokomotivführer müssen jährlich zwei Stunden im Simulator fahren. Dass diese Zeit nicht Spielerei ist, erfuhr auch der Autor dieses Buches.

Drei Lokomotivführer waren in das Simulationszentrum Berlin gekommen, um für ihren

Der Instruktor fügt in das laufende Fahrprogramm Schikanen ein, während die Kollegen der Testperson sie und dessen Verhalten am Monitor verfolgen. *Foto: DB/Michalke*

Eine Fahrt von Würzburg nach Fürth wird simuliert mit allerlei Zwischenfällen. *Foto: DB/Mann*

künftigen Einsatz auf der elektrischen Lokomotive der Baureihe 101 zu üben. Der Berliner Lokomotivführer Ronald G. hatte für die Eleganz des nachgebauten Führerraums kein Auge, denn er wurde von einer künstlichen Stimme aus dem Lautsprecher in Anspruch genommen, die ihn mit »Störung! Störung!« nervte. »Oh Gott, oh Gott«, entfuhr es G., doch der half ihm nicht, wohl das Display zur linken Seite. Wenn der Lokomotivführer dort hinsieht, darf er trotzdem nie die auf ihn zukommenden Signale aus dem Blick lassen. Das Display zeigt ihm die Art der Störung an, und er kann die nötigen Handlungen abfragen. »Fahrmotorlüfter bei Antriebsanlage 3 ausgefallen«. Ein Fingerdruck auf das Display: Er darf mit der nach Fahrplan zulässigen und mit der durch das Signal Zs 3 (beim Lichtsignalsystem) angezeigten und um 10 km/h verminderten Geschwindigkeit weiterfahren. Der gestörte Fahrmotor sollte im Displaybild »Antriebe« ausgruppiert werden, um mit drei Fahrmotoren weiterfahren zu können. Halb so schlimm, der Zug darf ohnehin nur bis zu 100 km/h schnell sein, als er sich dem Einfahrsignal des Bahnhofs Rottendorf nähert. Also darf er nur mit 90 km/h Geschwindigkeit fahren. Wir waren zwischen Würzburg und Nürnberg unterwegs. G. blickte kurz ins Geschwindigkeitsheft, wann er wieder schneller werden durfte, da meldet sich die nächste Störung[2].

2 Der Führerraum war seinerzeit noch nicht mit EBuLa ausgerüstet, so dass die Hefte mitgeführt und aufgeschlagen sein mussten.

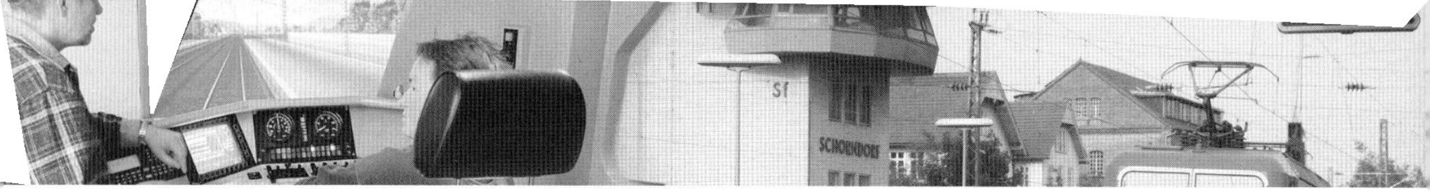

»HBU 3 gestört«. Mit dem Hilfsbetriebeumrichter war etwas. G. brachte den Fahrschalter in die Nullstellung und schaltete wieder hoch. Der HBU schien wieder zu arbeiten. G. schaltete zum Grundbild zurück, bremste elektrisch, so dass die überschüssige Energie nicht als Wärme verpuffte, sondern als Strom in die Oberleitung zurückkehrte. Und G. fuhr mit nur zwei Antriebsanlagen weiter. Der IC 805 war ein leichter Zug, da durfte so etwas sein. Unser Lokomotivführer hatte nicht einmal Zeit, sich zu freuen, dass der Zug so gut nach Nürnberg rollte, da erschreckte ihn das Ausfahrsignal von Buchbrunn-Mainstockheim, das plötzlich auf Halt fiel. Seine erste Überlegung war: Schnellbremsung, doch dann entschloss sich G. nur zur Betriebsbremsung, damit der Zug nicht ins Gleiten kam. Kommentar des Instruktors später: »*Wenn zu befürchten ist, dass die Räder gleiten oder die Gleitschutzeinrichtungen ansprechen, ist die Sandstreueinrichtung zu betätigen.*« Durch die Magnetschienenbremsen brachte es der Zug auf 219 Bremshundertstel[3], und mit der Betriebsbremsung kamen die Reisenden nicht ins Stolpern, die Gläser auf den Tischen rutschten nicht weg, die Gepäckstücke blieben dort, wo sie hingelegt worden waren. Der Bremsweg bis zum Signal reichte aus. Besorgt fragte der Fahrdienstleiter: »Kollege, stehst Du schon am Signal? Ich habe eine Störung (der also auch!), das dauert fünf Minuten.«

Die nutzte G., um sich mit seiner Störung zu befassen. Er tippte auf das Display, was war und was er tun konnte, ging in den Maschinenraum. Sah dort den abgefallenen Motorschutzschalter, den er einschaltete, also: im Displaybild »Antrieb« den Motor 3 wieder eingruppierte.

Obligatorischer Halt

Der Unterwegshalt war fast obligatorisch, damit der Lokomotivführer Gelegenheit erhielt, die Störungen zu beseitigen. Manche vergessen das, wie sie auch nicht mehr wissen, welcher Fahrmotor abgeschaltet ist, wenn sie im Maschinenraum sind. Da hilft nur, auf dem Display nachzusehen. Das in die Fahrtstellung wechselnde Signal verleitet einige dazu, mit nur drei Fahrmotoren weiterzufahren. Der Lokomotivführer muss entscheiden, ob er sich das leisten kann.

Jetzt wechselte auch das Signal in »Fahrt«. Der letzte Wagen des IC stand sicherlich noch am Bahnsteig. G. musste aus dem Fenster sehen, den Abfahrauftrag vom Zugchef entgegennehmen – dann erst durfte er anfahren.

Da blinkte es abermals gelb auf dem Display. »Störung ZS-Steuerung« (ZS steht für Zugsammelschiene). Die Statusmeldung »HS-Sperre« leuchtet.

Der Lokomotivführer stellt den Fahrschalter nach Null und liest den Störtext. Dann schaltet er den Hauptschalter und die Zugsammelschiene ein. Er kann, nachdem er die Zugkraft wieder aufgeschaltet hat, weiterfahren. »Das ist ja wieder ein Knaller«, kommentierte Ronald G. den Vorgang.

Starker Tobak auf der 101? »Du hast doch richtig gehandelt. Hast ja nichts verkehrt gemacht«, sagte ihm eine Stimme. G. lachte und meinte: »Das baut auf.« Ihn hatte die Realität

3 Das bedeutet, zum Abbremsen der Zugmasse (Lokomotiv- und Wagengewicht) stehen mehr als das Doppelte an Bremsmasse zur Verfügung.

zurückgeholt. Er war in die Halle des ehemaligen Reichsbahnausbesserungswerkes »Roman Chwalek« Berlin-Schöneweide zurückgekehrt, wo neben diesem Simulator einer für die S-Bahn-Ausbildung steht. Die drei Lokomotivführer, die an jenem Vormittag in der Kabine schwitzten, erwarben ihre Lizenz für die Lokomotivbaureihe 101.

Sie erregten sich, wenn zu jeder Inbetriebnahme eines Fahrsimulators gesagt und geschrieben wurde, durch sie könne man Tausende Mark sparen, der Simulator erübrige die Ausbildung in der Praxis. »Das stimmt nun nicht«, war ihre einhellige Meinung, »der Simulator kann die praktische Ausbildung nicht ersetzen, sie nur unterstützen.«

Die Triebfahrzeugführerschein-Verordnung schreibt den Fahrsimulator auch nicht als verbindlich für die Ausbildung vor. Seine Vorteile bezweifelt inzwischen niemand, das Training mit ihm hat aber auch seine Grenzen. »Was wir hier an Störungen und anderen Einflüssen erleben und abarbeiten müssen, das bringt die Praxis nicht, selbst wenn wir viele Tage unterwegs wären. Man kann nicht einen Intercity eine Stunde anhalten, um beim angenommenen Schleifleistenbruch realitätsnah die Oberleitung prüfen zu lassen«, bemerkte

Geschafft! Der Geprüfte lässt sich erklären, was er gut und was er falsch gemacht hat. Die Kabine ruht auf einer in allen drei Raumebenen beweglichen Plattform. Die Bewegungen stimmen mit der Realität derart überein, dass viele Triebfahrzeugführer nach wenigen Minuten vergessen, dass sie sich in einem Simulator befinden. *Foto: DB/Michalke*

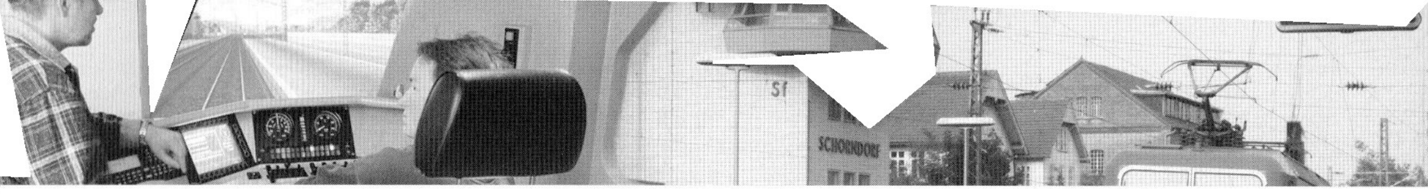

einer der Lokomotivführer, der die Lizenz für die Baureihe 101 erwarb.

Immerhin: Viele »Störungen« können geübt werden, ohne dass auch nur ein Reisender etwas davon bemerkt, etwa zum Einfluss des Wetters: »Leichter Schneefall«, wenn die Flocken an die Scheibe des Führerraums klatschen. Oder Nebel, der die Sicht auf die Landschaft verdeckt. In der Steigung, aber auch sonst kann der Trainer das »Reibungsverhältnis Rad-Schiene« verändern, so dass die Lokomotive zu schleudern beginnt. Das kommt in der Wirklichkeit vor, aber genauso auch nicht. Denn Drehstromlokomotiven schleudern nur ausnahmsweise. Sie regeln die Zugkraft selbstständig zurück, um das Schleudern zu verhindern. Schlechte Reibungsverhältnisse sind beim Bremsen durch Bremswegverlängerung sinnvoller. Die Erlebnisse mit dem Schleudern lassen sich nur mit dem Simulator planen.

Dessen Wirkung ist verblüffend. Zuerst glaubt man an ein Spiel, wenn sich die digitalisierten Kulissen entlang der Strecke auf den Lokomotivführer zu bewegen. Doch bald denkt man, tatsächlich durch die Landschaft zwischen Würzburg und Fürth zu brausen, glaubt sich in das Tal des Mains versetzt, auch wenn sich, wie es bis 2009 der Fall war, die Waldstreifen und Häuserzeilen am Horizont lediglich regelmäßig aufklappen. Auch die Bahnhöfe sehen wie schlechtgemachte Aquarelle aus[4] , aber der echte Führerstand, die Bewegungen, die Geräusche aus dem Maschinenraum und die ständigen, zum Handeln zwingenden Überraschungen versetzen den Lokomotivführer rasch in die virtuelle Welt, in die des nachgestellten Zuges. Wäre es nicht so, fluchte der Lokomotivführer nicht bei dem nervenden »Störung! Störung!«, perlte ihm nicht der Schweiß von der Stirn, wäre nicht die halbe Stunde vermeintlich zu zehn Minuten geronnen. Der Simulator bietet keine Unterhaltung an, er führt zum Stress, wie er im täglichen Dienst vorkommen kann.

Jeder kann das erleben, seitdem auch in den Eisenbahnmuseen Simulatoren aufgestellt sind, wenn auch mit viel weniger Funktionen als die in den DB-Simulationszentren. Wer mit diesen Geräten Lokomotivführer spielt, bemerkt rasch, wie er sich in den Bremswegen verschätzt. Er hält mit seinem Zug vor dem Bahnsteig oder rauscht an ihm vorbei. Es ist eben kein Meister vom Himmel gefallen! Zu dieser Erfahrung verhelfen auch die vom Reiseveranstalter AMEROPA organisierten Simulatorfahrten in Fulda, die gegenüber den Eisenbahnmuseen lebensnäher, dafür wesentlich teurer sind. Vielleicht hat man nicht nur Spaß am Zugfahren in der roten Kiste, sondern gewinnt Achtung vor dem wirklichen Leben auf der Lokomotive.

Der echte Lokomotivführer zur Ausbildung oder gar Prüfung wird beobachten, vom Instruktor und von den Kollegen, die verfolgen, was sich in dem roten, auf und ab, nach vorn und zurück bewegenden Kasten abspielt, wo man bei einer Fahrt im Gleisbogen tatsächlich an die Wand gedrückt wird, alle Fliehkräfte beim Bremsen und Anfahren spürt. Sie sehen auf den Monitoren den Lokomotivführer, das Streckenbild und alle Anzeigen, wie es sie im Führer- und im Maschinenraum gibt. [13]

Führte man die geforderten Überwachungsfahrten auf Triebfahrzeugen vor Regelzügen durch, erreichte der Vorgesetzte an einem Tag nur wenige der ihm unterstellten Mitarbeiter.

---

4 Seit 2009 wurden die Simulatoren umgerüstet, um das Landschaftsbild realistischer darzustellen.

Der in den Richtlinien ausdrücklich als Ersatz für die Überwachungsfahrten auf dem realen Fahrzeug zugelassene Simulator bietet bei entsprechender Organisation die Möglichkeit, an einem Tag die Tätigkeit von 10 bis 20 Triebfahrzeugführern zu überwachen. Seit 1999 ist es möglich, auch das Fahren mit Linienzugbeeinflussung im Simulator zu üben. Vorher war es auf den mit der Linienzugbeeinflussung Strecken wegen ihres dichten Zugverkehrs meist nur möglich, die Ausbildungsfahrten nur während der Nachtstunden zu organisieren.

Zwei Teilprüfungen

Im »Computer Based Training« (Deutsche Bezeichnungen sucht und findet die Deutsche Bahn nur selten...) lernen die Schüler individuell (oder zentral durch den Ausbilder geführt) am Personalcomputer Fahrzeugkunde. Individuell bedeutet: Nach eigener Zeiteinteilung und eigenem Lernrhythmus wird das Lehrprogramm durchgearbeitet.

Wenn der Anfänger den theoretischen und praktischen Teil der Ausbildung durchlaufen hat, nahen die Prüfungen. Sie setzen sich nach den Vorschriften des Verbandes Deutscher Verkehrsunternehmen aus zwei Teilprüfungen zusammen: die theoretische Prüfung »Betrieb« mit dem schriftlichen und mündlichen Teil sowie die praktische mit der Prüfungsfahrt, die mindestens 60 Minuten dauern muss und gegebenenfalls Prüfungsfahrt im Simulator von 35 bis 45 Minuten Dauer. Die Prüfungen nach der Triebfahrzeugführerschein-Verordnung sind anders strukturiert.

Eine Prüfung für das Fach »Triebfahrzeugtechnik« wird nicht vorgeschrieben. Den einzelnen Unternehmen bleibt es überlassen, in diesem Fach die Anforderungen an die Lokführer zu bestimmen.

Jede Teilprüfung kann bis zu zweimal wiederholt werden. Wird sie allerdings beim zweiten Mal nicht bestanden, muss erst die gesamte Ausbildung wiederholt werden, ehe der Bewerber sich für die Prüfung wieder anmelden kann.

DE

TRIEBFAHRZEUGFÜHRERSCHEIN

1. Mustermann

2. Erika

3. 12.08.1964 Berlin

4a. 13.07.2011 4b. 12.07.2021

4c. Eisenbahn-Bundesamt

5. DE 71 2011 0007

7. E. Mustermann

BUNDESREPUBLIK DEUTSCHLAND

9a.1 deutsch

9a.2 -

9b. b.1 | -

MODELL DER EUROPÄISCHEN UNION

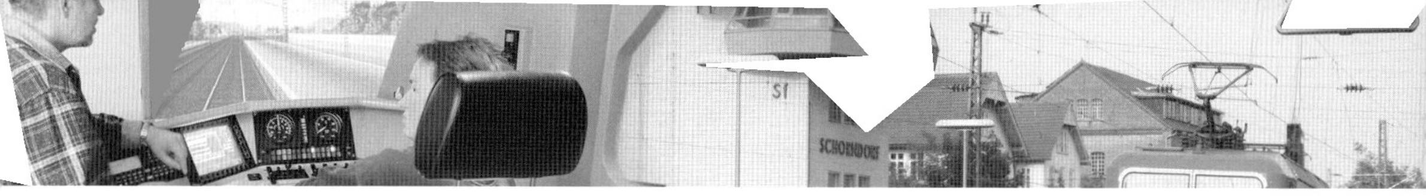

Die zertifizierten Prüfer müssen mindestens 26 Jahre alt sein, eine Erlaubnis für die Klasse 3 besitzen und nachweisen, dass sie mindestens fünf Jahre im Eisenbahnbetriebsdienst tätig waren.
Waren die theoretische und die praktische Prüfung erfolgreich, bestätigt der Prüfer in einer Bescheinigung »bestanden«. Er bescheinigt auch »nicht bestanden«. Nach bestandener Prüfung erhält der Geprüfte den Führerschein. Soweit zum Verfahren des Verbandes Deutscher Verkehrsunternehmen VDV.
Beim Führerschein nach der 2011 erlassenen Triebfahrzeugführerschein-Verordnung gibt es nur noch die Klasse A für Rangierfahrten und die Klasse B für Zugfahrten. Wegen des Unterschieds in der Klasseneinteilung traten am 1. Mai 2011 Übergangsregelungen in Kraft. Bei jeder Erweiterung der Einsatzbereiche in der Erlaubnisklasse ist eine Ergänzungsausbildung notwendig, wie für die Linienförmige Zugbeeinflussung. Nach der Ausbildung für eine weitere Baureihe wurde bislang nur die Befähigung festgestellt, nach der Triebfahrzeugführerschein-Verordnung ist eine Prüfung erforderlich. Die Ergänzungen werden im Beiblatt zum Führerschein nachgewiesen.
Zwar war 2001 die angekündigte Ausgabe von Lokomotivführerscheinen von der Gewerkschaft TRANSNET und vom Verband Deutscher Verkehrsunternehmen begrüßt worden (die wichtigste Vertretung, die Gewerkschaft Deutscher Lokomotivführer, wurde nicht beteiligt). Eine »Selbstverpflichtung« sollte die Maßgabe sein, dass jeder, der im öffentlichen Eisenbahnnetz fährt, im Besitz des Lokomotivführerscheins ist, mithin als Lokomotivführer qualifiziert ist und ständig überprüft wird. Die normative Kraft fehlte, musste aber als Allgmeinverfügung des Eisenbahn-Bundesamtes vom 18. Dezember 2009 beachtet werden. Man sollte, man musste sich nicht an die Bedingungen halten, die sich übrigens seitdem wiederholt änderten. Auch ausländische Bahnen, die ihre Lokomotivführer ins deutsche Netz fahren lassen, brauchten sich an diese »Selbstverpflichtung« nicht zu halten.
Am 7. Mai 2011 ist im Bundesgesetzblatt die Verordnung über die Erteilung der Fahrberechtigung an Triebfahrzeugführer sowie die Anerkennung von Personen und Stellen für Ausbildung und Prüfung (Triebfahrzeugführerscheinverordnung - TfV) veröffentlicht worden. Die TfV setzt die Richtlinie 2007/59/EG des Europäischen Parlaments und des Rates vom 23. Oktober 2007 über die Zertifizierung von Triebfahrzeugführern, die Lokomotiven und Züge im Eisenbahnsystem der Gemeinschaft führen, in nationales Recht um[5]. Die neuen Führerscheine werden gestaffelt vom 29. Oktober 2011 an ausgegeben.
Bereits kurz nach der Jahrtausendwende verabschiedeten die Autonomen Lokomotivführergewerkschaften Europas (ALE) die Resolution, in der sie eine Richtlinie zum Führen von Eisenbahnfahrzeugen forderten. Nach etwas über elf Jahren parlamentarischer Verfahren wurde nun dieses Ziel erreicht.
Die Schriften und Richtlinien des Verbandes Deutscher Verkehrsunternehmen stellten den kleinsten gemeinsamen Nenner der Verkehrsunternehmen dar. Was geregelt war, erschien der Gewerkschaft Deutscher Lokomotivführer

5 Die Richtlinie sollte bereits zum 4. Dezember 2009 in nationales Recht umgesetzt werden, weshalb die EU-Kommission bereits ein Vertragsverletzungsverfahren gegen Deutschland eingeleitet hatte.

ODEG-Zug Wriezen – Berlin-Lichtenberg in Bernau (2011). Der Betriebsleiter der Bahn bestimmt Ablauf und Umfang der auszubildenden Triebfahrzeugführer. *Foto: Erich Preuß*

nicht verbindlich genug. Wenn die Eisenbahn-Führerschein-Richtlinie 753 keinen hoheitlichen Charakter besaß, musste sie doch zufolge der genannten Allgemeinverfügung des Eisenbahn-Bundesamtes beachtet werden. Ihr konnten die einheitlichen Anforderungen an die Qualifikation der Eisenbahnfahrzeugführer und die konkretisierte Verantwortlichkeit der Eisenbahnen zugute gehalten werden. Der Eisenbahnbetriebsleiter, den es in jedem Eisenbahnverkehrsunternehmen gibt, legt den Ablauf und Umfang der Ausbildung fest, indem er den Ausbildungsplan genehmigt, die Ausbilder und die Prüfer bestimmt. Andererseits scheinen die Spielräume der Eisenbahnbetriebsleiter groß genug zu sein, dass ein »Restrisiko« durch den Faktor Mensch bleibt, wie die Gewerkschaft meinte, zumal die Eisenbahnbetriebsleiter kleiner Unternehmen erheblich wirtschaftlichem Zwang ihrer sich im Wettbewerb befindlichen Unternehmen unterworfen sind. Mit anderen Worten: An der Ausbildung kann gespart werden. Die Betriebsleiter der Nichtbundeseigenen Eisenbahnen hüten sich, solchen Zwang öffentlich einzugestehen und auch zuzugeben, ob und wie sie Personalkosten sparen, indem sie die ohnehin im Vergleich zur früheren Lokomotivführer-Laufbahn verkürzte Ausbildung weiter einschränken. Was die Deutsche Bahn anbietet und als Gegenwert verlangt, ist einigen zu teuer.

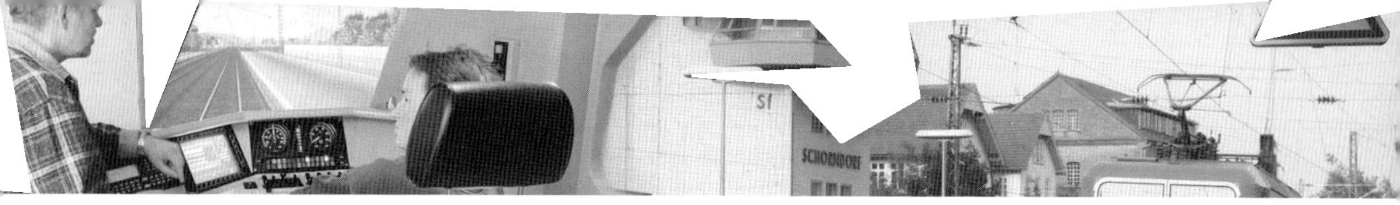

Außenseiter in der Branche

Das »Netzwerk Privatbahnen« distanziert sich davon wie auch bei anderen Anlässen, weil die weit überwiegende Mehrheit der Bahnen, die sich nichts zuschulden kommen lassen, mit solchen Außenseitern der Branche in einen Topf geworfen werden. Aber es gibt sie. Nachdem die Ostdeutsche Eisenbahn (damals eine Tochtergesellschaft der Hamburger Hochbahn und der Prignitzer Eisenbahn) 2004 den Zuschlag für einige Nahverkehrslinien in Berlin und Brandenburg erhalten hatte, brauchte sie Lokomotivführer, und zwar schnell, damit sie vom Fahrplanwechsel am 15. Dezember 2004 an die bestellten Züge fahren konnte. Die folgenden Pannen zehrten an ihrem Ansehen. Nach einem Zeitungsbericht waren die Triebwagenführer von DB-Bildung fünf Monate lang ausgebildet worden, doch beim ersten »Heißlauf« kam es zu »betrieblichen Unregelmäßigkeiten auf Grund von nicht vorhandener Routine« (Formulierung des Unternehmens), so dass das Fahrpersonal erneut in die Betriebsabläufe unterwiesen werden musste. Zwei Triebwagenfahrer missachteten Haltsignale in Eberswalde. Auch in Frankfurt (Oder) wurde beim Rangieren ein Haltsignal nicht beachtet, als ein Schnellzug einfuhr. Das dritte Ereignis in Friedersdorf, Halt auf einem Bahnübergang und eigenmächtige Weiterfahrt. Templin: Rangierfahrt ohne Zustimmung des Stellwerkswärters. Damals wurde stolz gemeldet, dass 40 neue Arbeitsplätze geschaffen und eine arbeitslose Malermeisterin Triebwagenführer wurde.

Der Betriebsleiter versuchte es dann doch lieber mit den gut ausgebildeten und in der Praxis erfahrenen Lokomotivführern, die entweder von der Deutschen Bahn zur Ostdeutschen Eisenbahn wechselten oder in deren Trainingszentren »gemäß Mindeststandards« (DB-Formulierung) ihre Ausbildung erhielten. Prinzipiell galten für die verschiedenen Bahnunternehmen seit jeher die gleichen Bestimmungen für die Ausbildung der Triebfahrzeugführer. Offiziell ist den anderen Eisenbahnverkehrsunternehmen die Ausbildungsrichtlinie des DB-Konzerns unbekannt und auch nicht bindend, doch dient sie den Eisenbahnbetriebsleitern als Anhaltspunkt. Sie nutzen verschiedene Wege, um sich die Informationen zu beschaffen, wie auch interne Vorgänge bei der Deutschen Bahn selten unbekannt bleiben. Faktisch kann die Ausbildung so unterschiedlich nicht sein, wenn das Verkehrsunternehmen sichere Betriebsausführung garantiert.

Bei den Eisenbahnen, die noch mit Dampflokomotiven fahren, wie den Harzer Schmalspurbahnen, ist sogar die Lehre als Industriemechaniker Voraussetzung, um anfangs als Lokschlosser in der Fahrzeugwerkstatt arbeiten zu können. Zum Lokomotivführer wird auf Dieseltriebfahrzeugen geprüft, ehe die Spezialisierung zum Dampflokomotivführer folgt.

Wesentlich kürzer ist die Ausbildung für Lokomotivführer für Anschlussbahnen, auf die sich bestimmte Unternehmen spezialisiert haben. Für die Unterweisung und die Überprüfung der Befähigung ist der Eisenbahn-Betriebsleiter verantwortlich. Zur Ersteinweisung über Unfallverhütung, Rangiersignale, Ortskenntnis und Arbeitsablauf sind vier bis sechs Stunden angesetzt, für die praktische Unterweisung auf der Lokomotive mindestens zehn Arbeitstage bei kleinen Anschlussbahnen, bei großen mehr. Die Befähigung, wenn

sie nachgewiesen wurde, gilt aber nur auf der jeweiligen Anschlussbahn.
Soll außerhalb der Betriebsgrenze gefahren werden, muss das Unternehmen weitaus größeren Aufwand für die Ausbildung der Lokomotivführer ansetzen. Übrigens: Die Malermeisterin mit der Schnellausbildung verließ bald die ODEG, der Schichtdienst behagte ihr nicht – in sie war unnötig investiert worden. Und die Deutsche Bahn strich 150 Stellen, als sie die Ausschreibung der Strecken an die ODEG verlor, obwohl sie nur rund 40 Eisenbahner abgegeben hatte. [19]
Mit dem Inkrafttreten der Triebfahrzeugführerschein-Verordnung (TfV) erhält der Lokomotivführer erstmals einen behördlichen Führerschein, den das Eisenbahn-Bundesamt ausstellt und ihn wieder entziehen kann. Der Führerschein gilt zehn Jahre und kann verlängert werden. Allerdings prüft das Eisenbahn-Bundesamt bei einem Verlängerungsantrag anhand des Registers, ob im zurückliegenden Zeitraum sämtliche vorgesehenen regelmäßigen Überprüfungen durchgeführt wurden. Der Führerschein wird, wie bisher, ergänzt durch eine vom Arbeitgeber ausgestellte Zusatzbescheinigung. Die kann unbefristet ausgestellt werden, ist aber beim Unternehmenswechsel vom Arbeitgeber einzuziehen. In diesem Fall hat er dem Triebfahrzeugführer einen Nachweis der Zusatzbescheinigung sowie sämtliche Nachweise seiner Ausbildung, seiner Berufserfahrung und seiner beruflichen Befähigung auszuhändigen.
Triebfahrzeugführerschein und Zusatzbescheinigung zusammen bilden die Berechtigung zum Führen eines Triebfahrzeuges. Die Zusatzbescheinigung kann vom Arbeitgeber in begründeten Fällen geändert, ausgesetzt oder entzogen werden. Die Unternehmen haben ein internes Beschwerdeverfahren einzurichten, in dem solche Entscheidungen überprüft werden.
Vom 29. Oktober 2011 an werden die ersten Führerscheine den Triebfahrzeugführern ausgehändigt, die im grenzüberschreitenden Verkehr oder im Güterverkehr in einem anderen Mitgliedstaat eingesetzt werden bzw. in mindestens zwei Mitgliedstaaten tätig sind. Bis zum 29. Oktober 2011 hat das Eisenbahn-Bundesamt ein Register der ausgestellten Führerscheine einzurichten.

Fehlt die technische Ausbildung?

Der Gewerkschaft Deutscher Lokomotivführer fehlt im Zusammenhang mit der europäischen Führerscheinrichtlinie die vorzugsweise gewerblich-technische Berufsausbildung. Sie könnte während der Ausbildung zum Eisenbahner im Betriebsdienst, Fachrichtung Lokomotivführer/Transport gegeben werden. Gleichfalls unpräzise erscheint dieser Gewerkschaft die Voraussetzung des Primar- und Sekundarschulabschlusses für den Führerschein. Diese Termini sind gewählt worden, weil in jedem Bundesland, erst recht in jedem Staat andere Bezeichnungen für die Schulabschlüsse gelten. Zugangsvoraussetzung zur Schulbildung sind unpräzise formuliert. Gemeint ist sicherlich die Mittlere Reife oder der mittlere Schulabschluss. Analog formuliert es auch die Deutsche Bahn, wenn sie Schulabgänger wirbt.
Bisher ist gesetzlich keine Dauer der Ausbildung bestimmt. Die Gewerkschaft Deutscher Lokomotivführer meint, mindestens 1250 Un-

Regionalexpress bei Wertheim (2011). Die Gewerkschaft Deutscher Lokomotivführer wünscht strengere Modalitäten, Triebfahrzeugführer zu werden. *Foto: Erich Preuß*

terrichtsstunden sollten es sein, ehe man Züge fahren darf. Die in der Ausbildung erworbenen Fachkenntnisse müssen, einschließlich der erforderlichen Betriebsverfahren, Zugbeeinflussungssysteme und Signalsysteme der zu befahrenden Infrastrukturen und, falls erforderlich, Sprachkenntnisse in einer Prüfung nachgewiesen werden.

Die Tauglichkeit und die allgemeinen beruflichen Kenntnisse werden regelmäßig überprüft. Nach der Triebfahrzeugführerscheinverordnung müssen die Ausbildungsunternehmen personellen und sachlichen Voraussetzungen nachweisen, um Bewerber zum Lokomotivführer ausbilden zu können. Die Ausbilder müssen fachlich und pädagogisch geeignet sein sowie vom Eisenbahn-Bundesamt anerkannt sein. In der Vergangenheit kam es vor, dass einzelne Eisenbahnunternehmen Einrichtungen mit der Ausbildung zum Lokomotivführer beauftragten und jene die Qualität der Lehrgänge entsprechend der Vergütung nach Gutdünken gestalteten. Das Eisenbahn-Bundesamt prüft regelmäßig die Ausbildungsunternehmen, um festzustellen, ob die Einhaltung der in dieser Verordnung festgelegten Anforderungen sichergestellt ist. Bei Ausbildungsunternehmen, die auch prüfungsberechtigt sind oder reine Prüfungsorganisationen, ist zudem die notwendige

Lokführer lässt ICE im Stich

Außerplanmäßig hielt der ICE 729 Dortmund Hbf – Frankfurt (Main) am 5. Mai 2003 in Spich bei Köln. Wenig später beobachten die Reisenden, dass der Lokomotivführer seinen Führerraum verließ und mit der Jacke und Tasche in einem nahen Wohngebiet verschwand. Eine Nachricht für die Reisenden und das Zugbegleitpersonal hinterließ er nicht.
Der Bundesgrenzschutz fahndete nach dem Lokomotivführer, fand ihn aber nicht. Nach 35 Minuten hatte die Bahn für Ersatz gesorgt, doch der ICE blieb nicht allein verspätet, auch die folgenden Züge waren es.
Eine Auskunft, warum der Führer des ICE den Zug verließ, gaben weder die Deutsche Bahn noch die Staatsanwaltschaft, die ein Ermittlungsverfahren wegen Gefährdung des Bahnverkehrs eingeleitet hatte. Beide beriefen sich bei Fragen auf das schwebende Verfahren. Der einmalige Vorfall war bald vergessen.

Unabhängigkeit, Unparteilichkeit und Weisungsfreiheit der Prüfer zu gewährleisten. Die Triebfahrzeugführer-Verordnung wird zudem um eine Triebfahrzeugführerschein-Prüfungsverordnung ergänzt werden. Die Gewerkschaft Deutscher Lokomotivführer wünscht eine zentrale Prüfungsfragendatenbank beim Eisenbahn-Bundesamt. Aus dieser könnten sich dann alle Unternehmen und Organisationen, die berechtigt sind, Lokomotivführer zu prüfen, entsprechend bedienen. Damit entstünde Chancengleichheit für die Bewerber und es wäre behördlich sichergestellt, dass Suggestivfragen ausgeschlossen sind. Darüber hinaus könnten die Eisenbahnverkehrsunternehmen nach Bestehen der Prüfung sicher sein, über gut ausgebildete Lokomotivführer zu verfügen.
Die Lokomotivführer müssen regelmäßig fortgebildet werden. Früher nannte man das »Dienstunterricht«, an dem teilzunehmen Pflicht war. Die Deutsche Bahn hat dafür FIT 1 bis 3 eingeführt, jeweils sechs Stunden zu den Betriebsregeln und zur Fahrzeugtechnik. Wie bemerkt, kann die Fortbildung aus schriftlichen und mündlichen Verfahren, auch im computerbasiertes Training, verbunden mit einem Praxistest oder Test im Fahrsimulator (Überwachungsfahrt) bestehen, um die »Fitness und Reaktionsschnelligkeit« des Lokomotivführers zu überprüfen.
Die Eisenbahnverkehrsunternehmen müssen sich in regelmäßigen Abständen davon überzeugen, dass ihre Lokführer über die erforderlichen Kenntnisse und Fertigkeiten verfügen. [6] Das Eisenbahn-Bundesamt überwacht die Qualifizierung der Lokomotivführer.
Auch im laufenden Betrieb werden die Triebfahrzugführer technisch und persönlich überwacht. Technisch: Fahrtenregistriergeräte protokollieren neben den technischen Zuständen das Verhalten des Führers. Persönlich: Führungskräfte sollen jeden Triebfahrzeugführer mindestens jährlich zweimal begleiten und ihn auf möglicherweise unkorrekte Ausübung des Dienstes hinweisen.

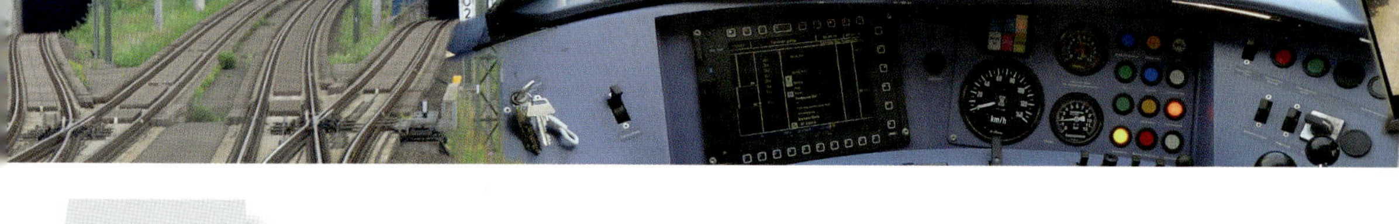

5. Mit tausend Tonnen im Rücken

Die alltägliche Praxis

Ehe der frisch gebackene Lokomotivführer seine erste selbstständige Schicht antritt, muss er sich fragen: Bin ich aus gesundheitlichen oder anderen Gründen an der Ausübung der Arbeit gehindert? Also: Bin ich nicht krank, auch nicht betrunken? Stehe ich nicht unter Drogeneinfluss? Wenn er diese Fragen mit Nein beantwortet, ist er dienstfähig. Im anderen Fall hätte er dies der Einsatz- oder Dispositionsstelle zu melden. [5]

»Er meldet sich [...] und übernimmt die Lokomotive samt Zug«. Diese Vorgänge bezeichnet die Richtlinie 492.0001 als »V 3«. Sie regelt eigentlich Selbstverständliches: »Bei der V 3 informieren Sie sich beim abzulösenden Tf über Unregelmäßigkeiten sowie technische und betriebliche Besonderheiten.«

Die Richtlinie bestimmt auch, was der Lokomotivführer während der Arbeit mitzuführen hat:

- den Eisenbahnfahrzeug-Führerschein mit dem zugehörigem Beiblatt
- den Nachweis der Streckenkenntnis
- den Sozialversicherungsausweis, sofern er eine »Tarifkraft« ist
- den Personalausweis oder ein vergleichbares Dokument
- den Konzernausweis

Im Führerstand der ÖBB-Lokomotiv-Baureihe 1016 »Taurus« in Salzburg Hbf (2005) Foto: Emersleben

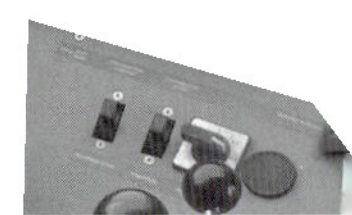

- einen Vierkantschlüssel*
- Schutzhandschuhe
- Einlage für die Anstoßkappe/Schutzhelm
- eine richtig zeigende Uhr*
- eine gültige Ausgabe der »La« = Zusammenstellung der vorübergehenden Langsamfahrstellen und anderen Besonderheiten« für die zu befahrenden Strecken*
- die aktualisierte EBuLa-Karte[1] (= elektronischer Buchfahrplan und »La«*)
- eine rot abblendbare Handlampe*
- eine Warnweste*
- die Hinweise für das Prüfen der Güterwagen und Ladeeinheiten auf Schäden und Mängel (Richtlinie 936.9600; nur für Triebfahrzeugführer, die Güterzüge fahren)
- bei Bedarf: Steuerwagenschlüssel und/oder Kreuzbartschlüssel.

* = Diese Gegenstände müssen beim Wechsel des Führerraums mitgenommen werden. Empfohlen wird, den Erste-Hilfe- oder Impfpass ständig mitzuführen.

Die Vorbereitungsarbeiten, um das Triebfahrzeugs in Betrieb zu nehmen, sofern es nicht vom Bereitstellungs-Lokomotivführer

Wächtersbach wird mit höchstens 160 km/h, wegen der signalisierten Langsamfahrstelle mit höchstens 140 km/h Geschwindigkeit durchfahren (2009). *Foto: Erich Preuß*

1 Die Karte wird nicht mehr verwendet, sondern die Daten des Fahrplans über Funk übertragen. Aber die »La« stand 2011 noch nicht in elektronischer Form zur Verfügung. Nicht aufgeführt in der Richtlinie sind der Schaltschlüssel DB 21 für Bahnübergänge und bei der Berliner S-Bahn der Eiskratzer.

am Bahnsteig übergeben wird, und die Abschlussarbeiten sind in den Richtlinien in Stufen unterteilt. Nach Art der in den USA üblichen Gebrauchsanweisungen (»Entfernen Sie die Folie der Pizza, ehe Sie diese in den Grillherd legen!«) ist alles genau definiert. So gibt ihm Richtlinie 492.0001, Ziffer 3 Absätze 9 und 10, bei der Stufe »AP« [AP soll heißen: Abschlussarbeit vor Pause] auf:

»Leistung des Tfz abschalten,
Tfz/Zugverband gegen unbeabsichtigtes Bewegen sichern,
Tfz abschließen.«

Ist die Pause vorüber, gilt für die »Vorbereitungsarbeit nach Pause«, die Stufe VP:

»Tfz aufschließen,
Sicherung gegen unbeabsichtigtes Bewegen aufheben,
Tfz wieder einsatzbereit schalten.«

Wer hätte das gedacht?

Sicherlich wird kaum einer der Lokomotivführer während dieser Vorgänge die Richtlinie durchlesen; die Handgriffe sind in der praktischen Ausbildung geübt worden und gehen in Fleisch und Blut über. Die Richtlinien sind das, was die Vorschriften früher

Stromsystem- und Lokomotivwechsel in Bad Bentheim (2010). Der Lokomotivführer muss kuppeln und wegen des Bewegens im den Gleisanlagen die Warnweste tragen. *Foto: Erich Preuß*

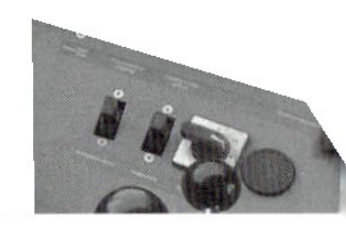

Teilarbeiten persönlicher Art zu Schichtbeginn (M1)

Bei der Einsatzsteile melden
Persönliche Post Ihrem Brieffach entnehmen
EBuLa-Karte laden
Bei Bedarf die »Abweichung vom Dienstplan« oder den »Dienstauftrag für Sonderleistungen« entgegennehmen und sich über den Schichtinhalt informieren
Aushänge zum Dienstplan einsehen oder sich nach der nächsten Schicht erkundigen
Bei Bedarf den »Nachweis der Schichtabweichungen« der letzten Schicht abgeben
Bei Bedarf Fplo entgegennehmen oder Fplo der letzten Schicht zurückgeben
Sich über die Nummer des Tfz und dessen Abstellplatz oder den Ablöseort informieren
Bei Bedarf Tfz-Schlüssel gemäß örtlicher Regelung entgegennehmen
Dienstliche Weisungen und Bekanntgaben einsehen und ggf. Quittieren
»La-Berichtigungen« einsehen und persönliche La berichtigen

Aus: Konzernrichtlinie 492.0004
Triebfahrzeuge führen
Teilarbeiten persönlicher Art ausführen

In Baden-Baden hält keine Straßenbahn nach Heilbronn, sondern ein Zug der Albtal-Verkehrs-Gesellschaft, deren Lokomotivführer das betriebliche Regelwerk der Deutschen Bahn beherrschen müssen (2005) *Foto: Erich Preuß*

bereits waren: scheinbar eine Anleitung zum Handeln, tatsächlich eine Absicherung der Verwaltung gegenüber ihren Mitarbeitern, die bei Abweichungen von den Regeln eine Handhabe für die Ahndung benötigt. Ein Mitarbeiter von DB-Netz meinte dazu: »Bei den heutigen schwammigen Auslegungen der Vorschriften und Regelwerke wird man bei Streitigkeiten als Fahrdienstleiter oder Lokomotivführer den Kürzeren ziehen. Im Ernstfall steht kein Vorgesetzer hinter einem und stärkt den Rücken. Man wird sofort als ‚Gegner' angesehen. Früher erwies sich der Dienstvorsteher oder der Vertreter Betrieb als Anwalt von ihm Unterstellten, die Grabenkämpfe zwischen den Dienstzweigen fanden auf einer anderen Ebene statt, und zwar solange, bis geklärt war, wer die Schuld zu tragen hatte.« Ein vor Gericht oft als Sachverständiger auftretender langjähriger Bundesbahner mokierte sich im Prozess am Landgericht Köln zum Eisenbahnunfall von Brühl am 6. Februar 2000, dass die Richtlinien unverbindlich formuliert, aber doch verbindlich gemeint seien. Die Vorschriften seien amerikanisiert worden. Es fehle ihnen mitunter an Klarheit, was zu tun sei.

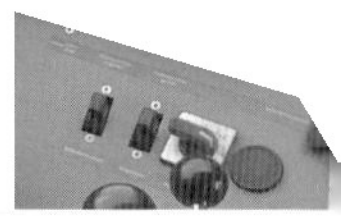

Theorie und Praxis

Der erfahrene Lokomotivführer wird sich darüber kaum Gedanken machen. Er verfährt so, wie er es gelernt hat, bis er auf einen Fehler aufmerksam gemacht wird. Gehen wir von der Theorie der Richtlinien zur Praxis des Fahrens und Führens über. Zunächst sollen die oben genannten Unterlagen, Geräte etc., die der Lokomotivführer mitführen soll, erläutert werden.

1. Eisenbahnfahrzeug-Führerschein und das Beiblatt

Beides wurde im 4. Kapitel beschrieben. Die im 1. Kapitel genannten Veränderungen in der Zugförderung, an der sich infolge der Liberalisierung des Schienenverkehrs viele Unternehmen am Zugverkehr mit eigenen Fahrzeugen und eigenem Personal auf dem Schienennetz der Deutschen Bahn beteiligen und bei denen der Triebfahrzeugführer nicht mehr fest an ein bestimmtes, sein Fahrzeug gebunden ist, führen dazu, dass ihn unter Umständen unbekannte Kollegen ablösen. Bei dem kann er nicht sicher sein, ob er auch wirklich ein Triebfahrzeugführer ist.

Genauso sind die für die Überwachung des Lokomotivpersonals eingesetzten Mitarbeiter gehalten, zu prüfen, ob der Lokomotivführer die Lizenz für die gefahrene Baureihe besitzt. Vorfälle des unberechtigten Fahrens dringen selten an die Öffentlichkeit. Und doch gab es sie! Am 1. November 1999 erschien Christian S. auf dem Münchner Ostbahnhof, um den Lokomotivführer Mario R. von der S-Bahn-Linie 5 abzulösen. Wer weiterfahren wollte, war scheinbar ein Lokomotivführer, in Unternehmensbekleidung, der den Lokführer-Rucksack mitbrachte und selbstbewusst auftrat. Christian schwang sich auf den Führersitz und fuhr in Richtung Ebersberg. Ein gelbes Signal vor dem Bahnhof Kirchseeon machte Christian stutzig. Wieso folgte das Signal »Halt erwarten?« Sonst hatte der Zug hier immer Einfahrt. Hatte man sein Kapern des Zuges entdeckt? Das war es, als sich der richtige Triebfahrzeugführer nach seinem Zug erkundigt hatte. Um nicht auf frischer Tat ertappt zu werden, hielt Christian den Zug an, öffnete die Türen und floh zu Fuß. Der Zug blieb 30 Minuten auf freier Strecke stehen, was später Christians Verteidiger zu der Bemerkung veranlasste: »Zum Glück waren die Leute schon an S-Bahn-Verspätungen gewöhnt.« [25] Wegen Freiheitsberaubung und mehrerer kleiner Diebstähle wurde der »S-Bahn-Pirat«, wie ihn die Boulevardzeitungen titulierten, zu 15 Monaten Freiheitsstrafe mit Bewährung verurteilt.

Denn er war kein Lokomotivführer. Die Deutsche Bahn hatte ihn zum Eisenbahner im Betrieb ausgebildet. Aus Angst vor einer Prüfung verließ S. das Unternehmen, behielt aber die Unternehmensbekleidung und den Rucksack, dem man übrigens auch kaufen kann, und gönnte sich, seinen Traum zu verwirklichen, einmal als Lokomotivführer einen Zug zu fahren.

Weniger harmlos endete das Fahren ohne Führerschein für Steffen B. aus, der im November 2003 in Berlin mit Hilfe des Schlüssels einer Kollegin einen S-Bahn-Zug der Linie 42 übernommen hatte. Nachdem das Widerrechtliche entdeckt worden war, sollte er von Polizisten festgenommen werden. Als Steffen eine (unscharfe) Pistole zückte, schossen sie zurück und verletzten ihn schwer.

Jeder, der ein Fahrzeug führt, braucht die Erlaubnis des Eisenbahnbetriebsleiters. Die wird ihm in Form eines Führerschein erteilt mit den Klassen:

1: Führen von Eisenbahnfahrzeugen als Rangierfahrten,
2: Führen von Eisenbahnfahrzeugen bei besonderen Verhältnissen oder bei einfachen Betriebsverhältnissen in bestimmten Einsatzbereichen (zum Beispiel Teilnetze im Stadt-, Vorort- oder Regionalverkehr, Verkehrsarten, Betriebsverfahren),
3: alle anderen.

Die weitaus überwiegende Zahl der Lokomotivführer der Deutschen Bahn erhielt die Erlaubnis der Klasse 3, Bereitstellungs-Lokomotivführer benötigen nur die Klasse 2. Unter ihnen gibt es jedoch einige, die auch die Lizenz für den Streckendienst haben, um sogenannte Übergabezüge über kurze Entfernungen fahren zu dürfen. Auf dem Beiblatt stehen die Berechtigungen und Kenntnisse.

Der Eisenbahnbetriebsleiter kann die Erlaubnis entziehen; er muss sie entziehen, wenn

- der Lokomotivführer nicht mehr über die erforderlichen Kenntnisse und Fertigkeiten verfügt oder sonstige Zweifel an seiner Eignung oder Zuverlässigkeit bestehen
- bei den regelmäßigen medizinischen Untersuchungen die Tauglichkeit nicht mehr nachgewiesen wird

Hier fährt der Rangierlokomotivführer mit der automatischen Kupplung, die den Rangierer einsparte (2004). Foto: Erich Preuß

- der Lokführer seit mindestens 18 Monaten nicht an Fortbildungen teilgenommen hat
- der Lokführer nicht mindestens 100 Stunden pro Jahr ein Fahrzeug geführt hat (Leitende, Aufsichtsführende und Prüfer müssen mindestens 50 Stunden pro Jahr nachweisen)
- der Lokführer zu einer Freiheitsstrafe von mindestens sechs Monaten wegen einer vorsätzlich begangenen Straftat rechtskräftig verurteilt wurde.

Die Erlaubnis soll in der Regel entzogen werden, wenn

- der Lokomotivführer erheblich oder wiederholt gegen die Sicherheit des Eisenbahnbetriebes verstoßen hat
- der Lokomotivführer Eisenbahnfahrzeuge unter Wirkung alkoholischer Getränke (es gilt die Null-Promille-Grenze) oder anderer berauschender Mittel bewegt hat
- eine behördliche Stelle eine für andere Bereiche ausgestellte Fahrerlaubnis auf Zeit oder auf Dauer wegen eines Vergehens entzieht, verweigert oder nur mit Auflagen belässt oder erteilt, soweit dieses auf den Verdacht der Unzuverlässigkeit schließen lässt.

Besonders der letztgenannte Punkt unterstreicht, welche Verantwortung auf den Lokführern lastet und wie zuverlässig er sein muss. Selbstverständlich kann der Eisenbahnbetriebsleiter unter bestimmten Umständen darauf verzichten, die Erlaubnis zu entziehen und er kann sie auch wieder erteilen. Einige Fachleute von DB-Netz wünschen sich eine strengere Handhabung dieses Spielraumes.

Streckenkenntnis

Ein wichtiges Moment der Sicherheit im Zugverkehr ist die »Streckenkenntnis« des Lokomotivführers. Was ist darunter zu verstehen? Sie ist, wie in [7] definiert, auch für die Lokomotivführer der Nichtbundeseigenen Eisenbahnen maßgebend. Danach ist Streckenkenntnis »durch eigenes Anschauen der Strecke und Einsichtnahme in die betrieblichen Unterlagen erworbene Kenntnis über solche Besonderheiten der Strecke, welche der Eisenbahnfahrzeugführer als Ergänzung zu Signalen und Fahrplanunterlagen benötigt, um die Strecke eigenverantwortlich sicher und fahrplanmäßig befahren zu können.«
Die Streckenkenntnis wird erworben durch:

- eigenes Anschauen, das heißt, wahlweise durch Fahren in Begleitung einer streckenkundigen Person, auch bei Fahrten während der Ausbildung zum Eisenbahnfahrzeugführer
- das Mitfahren im Führerraum
- das Studium von Filmaufnahmen mit originalgetreuer Streckenabbildung, zum Beispiel Aufnahmen von einer Compact-Disc (CD)
- Simulatorfahrten mit originalgetreuer Streckenabbildung
- Begehen der Anlagen,
  und
- durch Einsichtnahme in die betrieblichen Unterlagen.

Was es heißt, die Streckenkenntnis mit Hilfe betrieblicher Unterlagen zu erwerben, verdeutlicht eine »Arbeitshilfe zu Art und Umfang des Erwerbs der Streckenkenntnis« des Verbandes Deutscher Verkehrsunternehmen, die obendrein den Vermerk »nicht abschließend« trägt. [10]

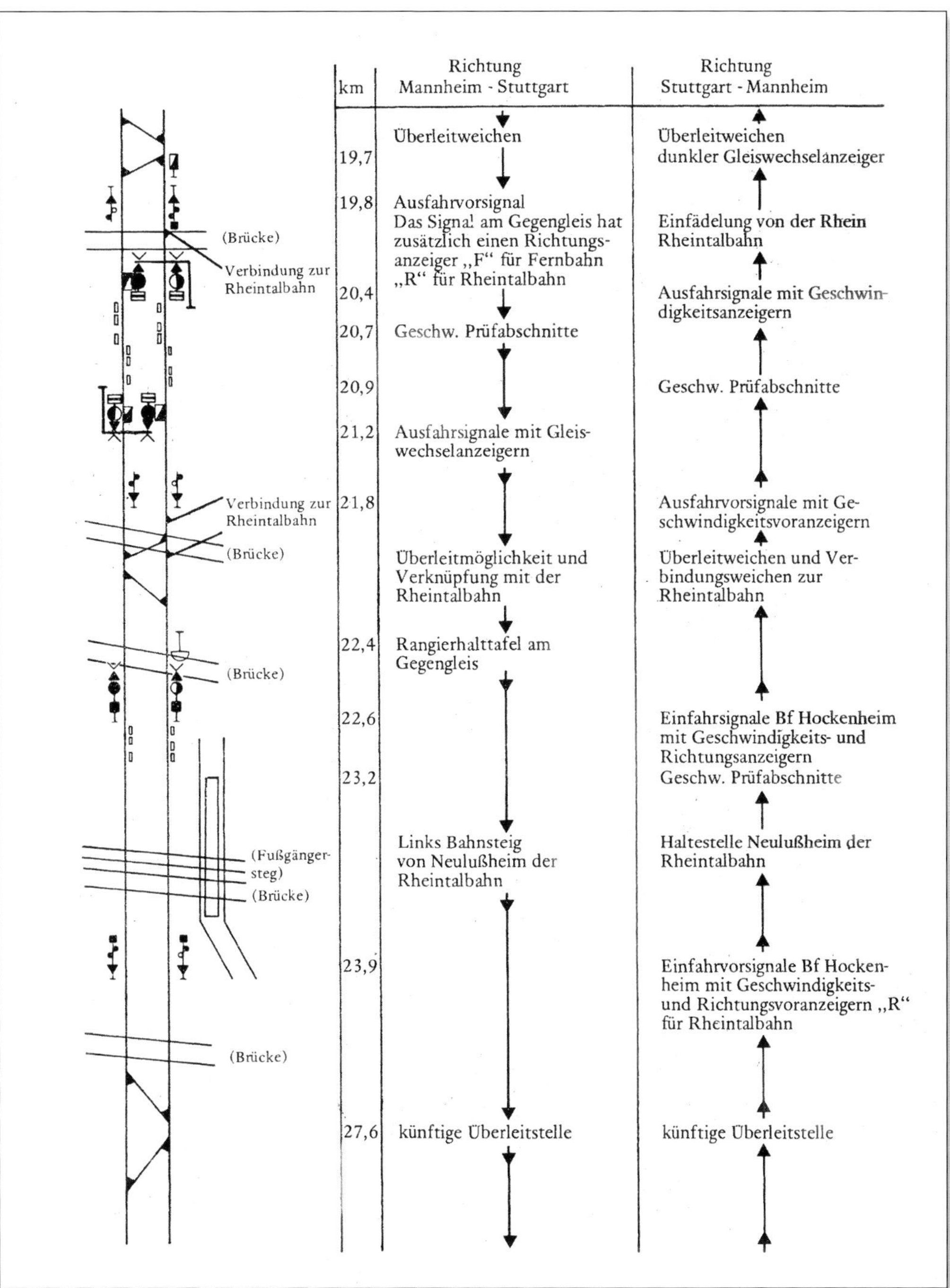

(Brücke)
Verbindung zur Rheintalbahn
Verbindung zur Rheintalbahn
(Brücke)
(Brücke)
(Fußgängersteg)
(Brücke)
(Brücke)

km	Richtung Mannheim - Stuttgart	Richtung Stuttgart - Mannheim
	Überleitweichen	Überleitweichen
19,7		dunkler Gleiswechselanzeiger
19,8	Ausfahrvorsignal Das Signal am Gegengleis hat zusätzlich einen Richtungsanzeiger „F“ für Fernbahn „R“ für Rheintalbahn	Einfädelung von der Rhein Rheintalbahn
20,4		Ausfahrsignale mit Geschwindigkeitsanzeigern
20,7	Geschw. Prüfabschnitte	
20,9		Geschw. Prüfabschnitte
21,2	Ausfahrsignale mit Gleiswechselanzeigern	
21,8		Ausfahrvorsignale mit Geschwindigkeitsvoranzeigern
	Überleitmöglichkeit und Verknüpfung mit der Rheintalbahn	Überleitweichen und Verbindungsweichen zur Rheintalbahn
22,4	Rangierhalttafel am Gegengleis	
22,6		Einfahrsignale Bf Hockenheim mit Geschwindigkeits- und Richtungsanzeigern
23,2		Geschw. Prüfabschnitte
	Links Bahnsteig von Neulußheim der Rheintalbahn	Haltestelle Neulußheim der Rheintalbahn
23,9		Einfahrvorsignale Bf Hockenheim mit Geschwindigkeits- und Richtungsvoranzeigern „R“ für Rheintalbahn
27,6	künftige Überleitstelle	künftige Überleitstelle

Als nach 1987 die Hochgeschwindigkeitsstrecke Strecke Mannheim – Stuttgart befahren werden konnte, hatte die Bundesbahn das Merkblatt zum Erwerb der Streckenkenntnis vorbereitet.

Kenntnis der Betriebsstellen: Abzweigstelle Breckenheim der Hochgeschwindigkeitsstrecke Köln –

Rhein/Main (2010). Hier trennen sich die Gleise zum Flughafenbahnhof Frankfurt (Main) und nach Wiesbaden Hbf. *Foto: Emersleben*

Danach hat der Lokomotivführer eine Vielzahl von Regelwerken und Veröffentlichungen zu studieren, so die Örtlichen Richtlinien für das Zugpersonal[2] beim Eisenbahninfrastrukturunternehmen, die Richtlinie 408 der Deutschen Bahn und die Fahrdienstvorschriften der Nichtbundeseigenen Eisenbahnen. Zur Streckenkenntnis gehören

- das Betriebsverfahren
- die Signalisierung und Signalsysteme, zum Beispiel die Standorte der Signale, die verkürzten Vorsignalabstände, das jeweilige Ende des anschließenden Weichenbereichs[3] , der Wechsel der Signalbauformen, die Richtungsanzeiger an den Hauptsignalen
- die Sicherungssysteme, wie die Ausrüstung der Strecken mit Punktförmiger oder Linienförmiger Zugbeeinflussung sowie Geschwindigkeitsüberwachung für Züge mit Neigetechnik
- die Streckeninfrastruktur (also in welche Richtung geht es, wo und wohin wird abgezweigt?): die topografischen Verhältnisse (energiesparende Fahrweise, Grenzlasten, Steilstrecke, Signalsicht), Streckengeschwindigkeit, Mindestbremshundertstel, zulässige Länge der Züge auf Betriebsstellen, Informationen zum Zug- und zum Ortsfunk (Umstellung auf GSM-R, also auf das digitale Zugfunksystem ist zu beachten)[4], zum Befahren des Gegengleises, die Betriebsstellendichte und -größe, die Streckenlänge, die Besonderheiten der Betriebsstellen, die gewöhnlichen Halteplätze des Zuges auf Haltepunkten und Bahnhöfen, Angaben zu Tunnel und Brücken (Abschnitte mit Notbremsüberwachung, Rettungskonzepte, Absturzgefahr auf Brücken), zum Nachschieben, Heizverbote, Geschwindigkeitswechsel ohne Signalisierung, nicht technisch gesicherte Bahnübergänge, Umleitungsverfahren und Streckenwechsel (bei parallel verlaufenden Strecken kann unter erleichternden Bedingungen umgeleitet werden).

Dafür ein Beispiel: Im Bereich der Abzweigstelle Mathilde sind zwischen Oberhausen West und Duisburg Fahrten über mehrere Gleise möglich. Bei Abweichung vom Regelgleis erhält der Lokomotivführer keinen besonderen Fahrplan oder andere Weisung. Die Örtliche Richtlinie für das Zugpersonal der DB-Netz-Niederlassung West lässt die Abweichung ohne besondere Weisung zu. Die Regeln zur zulässigen Geschwindigkeit enthält die genannte Richtlinie. Alles Andere wäre eine unnötige Belastung des Fahrdienstleiters und Behinderung des Zugbetriebs.

- die Information zum Zug, wie zulässige Geschwindigkeit, Bremsstellung des Zuges, Bremseigenschaften des Zuges, Art des Zuges
- die Information zur Oberleitung, so Schutz- und/oder Bügel-ab-Strecken,

2 Das sind bei der Deutschen Bahn für jeden Regionalbereich umfangreiche Broschüren, die des Netzbezirks Südost ließen sich nicht mehr binden, sie erschienen als Ringordner.

3 Diese Kenntnis spielte beim Unfall auf dem Bahnhof Brühl am 10. Februar 2000 eine entscheidende Rolle.

4 GSM-R = Global System for Mobile Communications - Rail

1	2	3	4	5	6	7	8
324	Bln-Lichtenberg	**5,1 - 1,8** 700 m	**60**	Gilt nur für dchg Hgl	06.01. 11		streckenbedingte Infrastruktur
325	Bln-Lichtenberg	Gleise 27 - 47	**20**	Gilt nur für nicht dchg Hgl	30.08. 04		- Lf 1/2 Oberbaumangel

700 b Bln-Lichtenberg - Biesdorfer Kreuz Süd - Eichgestell - Flughafen Bln-Schönefeld - Genshagener Heide - Nesselgrund - Abzw Wildpark West - Abzw Schönfließ West

1	2	3	4	5	6	7	8
326	Bln-Lichtenberg	Gleise 27 - 47	**20**	Gilt nur für nicht dchg Hgl	30.08. 04		- Lf 1/2 Oberbaumangel
327	Abzw Grün Kr N - Abzw Grün Kr Süd	**40,52**			21.03. 11		
328	Abzw Grün Kr N - Abzw Grün Kr Süd	**40,10**			21.03. 11		- El 1 am Standort El 2
329	Abzw Selchow	Bksig 6052 **30,31** neu KS-Signal	**neu**		30.05. 11		
330	Abzw Nesselgrund - Abzw Wildpark W	**5,0 - 4,8** 200 m	**70**	Gilt nur für Gegengleis	01.04. 11		Oberbaumangel
331	P Wissensch Golm	Esig 99F **0,53** Esig 99FF **0,53**	Änderung am Signal	Gilt nur für dchg Hgl Gilt nur für dchg Hgl der Gegenri	04.03. 11		- Frühhaltanzeiger neu - Frühhaltanzeiger neu
332	P Wissensch Golm	Dksig 99L24Y **63,07**	**neu**	Gilt nur für nicht dchg Hgl	14.02. 11		
333	P Wissensch Golm - Satzkorn	**64,1 - 64,2** 100 m	**70**	Gilt nur für Regelgleis	30.03. 11		Abst Lf 1-2: 1150 m Oberbaumangel

Eine Seite aus der »La« des DB-Regionalbereichs Ost, 22. Woche 2011: Unter den Ziffern 327 und 328 werden Regeln für das Abnehmen und Anlegen des Stromabnehmers genannt.

Fahrten mit mehreren gehobenen Stromabnehmern, Abschnitte mit Stromsystemwechsel

- Bahnhofskenntnis auf dem Zuganfangs- und Zugendbahnhöfen,
- darunter Geschwindigkeiten, Abstellplätze, Bedienung ortsgestellter Weichen, zuständiger Weichenwärter, Standorte der Streckentrenner in Abstellanlagen.
- Schließlich: Wo ist die Kantine und der Weg zu ihr?

Die Angaben findet der Lokomotivführer nicht in einer Unterlage zusammengefasst; er erhält sie in einer Anhäufung von Richtlinien, im Buchfahrplan, in der Sammlung betriebsdienstlicher Vorschriften für Nichtbundeseigene Eisenbahnen, in Streckenplänen, auf einer Compact-Disc etc. Der Betriebsleiter entscheidet nach den Umständen, ob bei Inbetriebnahme neuer oder geänderter Strecken die Streckenkenntnis allein durch Einsichtnahme in Merkblätter erworben werden darf.

Erwerb und Verlust

Die Streckenkenntnis gilt als erworben, wenn der Eisenbahnfahrzeugführer oder die streckenkundige Person die Vorgaben des Betriebsleiters erfüllt und sich für streckenkundig erklärt hat. Darüber werden Nachweise geführt.

Die Streckenkenntnis geht verloren, wenn

- der Eisenbahnfahrzeugführer innerhalb von sechs Monaten nach ihrem ersten Erwerb die Strecke nicht selbstständig befahren hat
- er eine Strecke, die er selbstständig bereits befahren hatte, länger als zwölf Monate, bei einfachen Betriebsverhältnissen länger als 24 Monate nicht selbstständig befahren hat
- sich die Strecke wesentlich verändert hat und der Lokomotivführer mit diesen Veränderungen nicht vertraut ist.

Er kann sie nach den oben angeführten Grundsätzen wieder erwerben.

Die früheren Regelungen zur Streckenkenntnis waren wesentlich strenger, weil für jede zu befahrende Strecke eine bestimmte Anzahl von »Belehrungsfahrten« in jede Richtung bei Tag und bei Dunkelheit gefordert wurde. Gerade bei neuer Leistungsverteilung war vor dem Fahrplanwechsel ein erheblicher Aufwand notwendig, damit genügend Lokomotivführer bzw. –heizer für den jeweiligen Einsatz zur Verfügung standen.

Sowohl bei der Deutschen Bahn, im Verband Deutscher Verkehrsunternehmen als auch beim Eisenbahn-Bundesamt ist man der Auffassung, dass moderne Traktionstechniken, elektronische Medien etc. Vereinfachungen zu lassen, ohne dass die Sicherheit nachteilig berührt wird.

Durch den Erwerb der Streckenkenntnis soll der Eisenbahnfahrzeugführer über die örtlichen Besonderheiten informiert werden. Diese Besonderheiten können eingeschränkt werden, wenn konsequent dieses Ziel bereits bei der Gestaltung der Anlagen verfolgt wird. Nicht alles, was erlaubt ist, soll gebaut werden. Man darf auch an die Eisenbahner denken, die mit den Anlagen bzw. der Infrastruktur zurecht kommen müssen.

Die bisherigen Regeln wurden aufgegeben »mit dem Ziel der Flexibilisierung«, aber auch zur »Verbesserung der Wettbewerbsfähigkeit«

(sic!) und »unter Wahrung der sicherheitlichen und wirtschaftlichen Belange angepasst.« Fachleute und Praktiker sind unterschiedlicher Auffassung, ob der Erwerb der Streckenkenntnis beispielsweise nur vom Papier oder durch eine Film-CD der Sicherheit zuträglich ist. Die Richtlinie sieht daher vorsichtshalber »zu gegebener Zeit« eine Revision vor.

Die eingeschränkte Streckenkenntnis

Neben der allgemeinen Streckenkenntnis gibt es noch die eingeschränkte, die allein durch Einsichtnahme in die betrieblichen Unterlagen erworben wird. Der Betriebsleiter darf das Fahren mit eingeschränkter Streckenkenntnis zulassen, bei Einmalfahrten (Fahrten zu Ausstellungen, in das Werk, zu nichtöffentlichen Verkehrsunternehmen wie Werkbahnen, ohne dass Verkehrsleistungen erbracht werden) und Sperrfahrten (das sind Fahrten in gesperrten Gleisen).
»Er hat dabei die Befähigung des Eisenbahnfahrzeugführers zu berücksichtigen, wobei dieser über eine mindestens zwölfmonatige Berufserfahrung als Eisenbahnfahrzeugführer verfügen muss. Die eingeschränkte Streckenkenntnis gilt als erworben, wenn der Eisenbahnfahrzeugführer die Vorgaben des Betriebsleiters hinsichtlich der einzusehenden betrieblichen Unterlagen erfüllt und sich für eingeschränkt streckenkundig erklärt hat.«
Um Havariefolgen zu beseitigen, darf nach einer Betrieblichen Weisung von DB-Netz auch ohne Streckenkenntnis gefahren werden. Dann gelten dann besondere Regelungen, wie die der beschränkten Geschwindigkeit: auf Hauptbahnen nicht mehr als 100 km/h, auf Nebenbahnen nicht mehr als 40 km/h. Auf Strecken mit Zugleitbetrieb, mit signalisiertem Zugleitbetrieb bzw. auf Strecken mit Bahnhöfen ohne Ausfahrsignale sowie auf Steilstrecken darf überhaupt nicht mit eingeschränkter Streckenkenntnis gefahren werden.

Die »La«

Die Zusammenstellung der vorübergehenden Langsamfahrstellen und anderen Besonderheiten«, die das Zugpersonal unterrichtet, wird regelmäßig broschürt für einen bestimmten Bezirk ausgegeben. Sie soll für die jeweilige Strecke aufgeschlagen auf dem Führerpult liegen. Die Berichtigungen zu dem Verzeichnis, die in der Einsatzstelle aushängen, sind ebenfalls zu beachten.
Die »La« ist nach Strecken und nach Fahrtrichtungen gegliedert, entsprechend der Kilometrierung in a) für die Hin- und b) für die Gegenrichtung. Bei eingleisigen Strecken erscheinen die Angaben nur für eine Richtung. Gilt dann eine Angabe nur für die Gegenrichtung, ist sie durch einen senkrechten Pfeil in der Spalte 5 dargestellt.
Bei umfangreichen Veränderungen, wie Gleisumbau im Zusammenhang mit einer neuen Betriebsstelle oder Inbetriebnahme eines elektronischen Stellwerks werden entweder »Sonder-La« oder lose Beilagen, oft eingefärbt herausgegeben (s. Anhang S. 184 ff).
Die Angaben auf den einzelnen Seiten sind in Symbolen verschlüsselt, die entweder vom Lokomotivführer beherrscht werden oder nachgeschlagen werden können.

35 a München Hbf - Ingolstadt Hbf - Treuchtlingen - Würzburg Hbf

1	2	3	4	5	6	7	8
+ 281	Abzw Obermenzing München-Allach	BÜ **8,05**	BÜ auf-gelassen		22.6. 02 10.00		
282	München-Allach	**9,5 - 9,6** 100 m	**70**	gilt nur für dchg Hgl	13.5. 02		Abst Lf 1-2 : 1150 m
283	München-Allach	**9,5 - 9,6** 100 m	**70**	gilt nur für dchg Hgl der Gegenrichtg.	13.5. 02		Abst Lf 1-2 : 1150 m - Lf-Sig links
284	München-Allach	Asig 1N8 **10,59**	**neu**		27.5. 02		
285	München-Allach	BÜ **11,28**	BÜ auf-gelassen		25.5. 02		
286	München-Karlsfeld	BÜ **11,93**	BÜ auf-gelassen		25.5. 02		
287	München-Karlsfeld - Dachau Bf	**16,5 - 16,6** 100 m	**90**	gilt nur für rechtes Gleis	27.5. 02		Abst Lf 1-2 : 1300 m
288	Dachau Bf	**16,9 - 17,0**			3.6. 02		Brücke ohne Geländer
289	Dachau Bf	**18,1 - 18,2** 100 m	**70**	gilt nur für dchg Hgl	12.10. 01		▽ Lf 1-2 : 950 m - Lf 1 wdh am Asig N3 Brückenmangel
290	Dachau Bf - Röhrmoos - Petershausen - Reichertshausen	**18,4 - 39,2**	**neu** ESTW Inbetrieb-nahme **neu** Ks-Sig		25.3. 02		zuständiger Fdl: özF Petershausen Anlage C zur La beachten !
291	Dachau Bf - Röhrmoos	**19,6 - 19,7** 100 m	**70**	gilt nur für rechtes Gleis	10.6. 02		
292	Dachau Bf - Röhrmoos	**19,6 - 19,7**			3.6. 02		Brücke ohne Geländer
293	Hpu Hebertshausen	H-Tafel 40 m ↑ km 22,250	**Halteplatz verändert**		10.6. 02		

Abb. links: Eine Seite aus der »La« der DB-Niederlassung Süd, 25. Woche 2002: Das Kreuz in der Spalte 1 (laufende Nummer der Langsamfahrstellen) weist darauf hin, dass diese Position neu hinzugekommen ist. Spalte 3 bezeichnet die genaue Lage der Langsamfahrstellen oder Besonderheiten. In Spalte 4 findet der Lokomotivführer die Geschwindigkeitsbeschränkung oder die Besonderheit. Spalten 6/7 = in und außer Kraft. Die Spalte 8 nennt Gründe und sonstige Angaben. Das Bild weist auf die Absturzgefahr hin, sofern sie betreten wird, das Dreieck der Nummer 289 in Spalte 8 auf den verkürzten Abstand der folgenden Signale.

Elektronisches: EBuLa

Hinter dieser merkwürdigen Abkürzung verbergen sich der Elektronische Buchfahrplan und die La. Allerdings fehlte es bis Ende 2011 an der »La«, der Zusammenstellung der vorübergehenden Langsamfahrstellen und anderen Besonderheiten, so dass die Abkürzung EBuLa erst einmal nicht gerechtfertigt war.
Mit EBuLa sollten Papier und Druckkosten, der Aufwand für das Verteilen an die entsprechenden Stellen und das Berichtigen eingespart werden, indem sowohl der Buchfahrplan als auch die »La« nicht mehr gedruckt und verteilt

69361
Mo-Fr Tfz 218 + 218 LG 1 500 t Mbr 70 G
Sa Tfz 218 LG 800 t Mbr 70 G
ab Mittelstadt
Mo-Fr Tfz 218 LG 500 t (LG 800 t GL) Mbr 46 G
90 km/h

69363
Tfz 211 LG 740 t GL (Mbr 46 G)
Mindestens 90 % der Achsen des Wagenzuges müssen gebremst sein
60 km/h

					69361		69363	
1	2	3a		3b	4	5	4	5
	90	- ZF A 54 -						
		Heidenau		105,5		7.34		
102,2		Sbk 4		102,2				
	85							
		Edelsdorf Hp		99,9				
		Sbk 6		99,2				
95,7		Arensberg	E 50	95,7	7.44	8.05		
	90	Sbk 8		93,2				
		Sbk 10		90,7				
83,2		Mittelstadt	A 60	83,2	8.18	46		10.10
0,0	60			0,0				
		Bk Angersb Hst		3,4		50		15
5,6		VE ∇ 55 km/h						
		Neuhof		6,8		55	10.21	36
9,2								

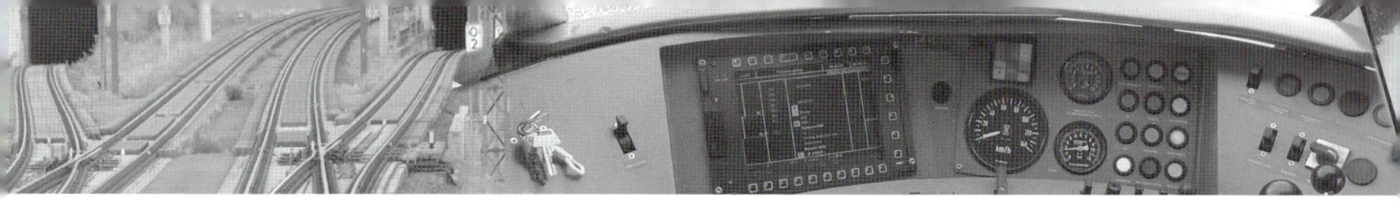

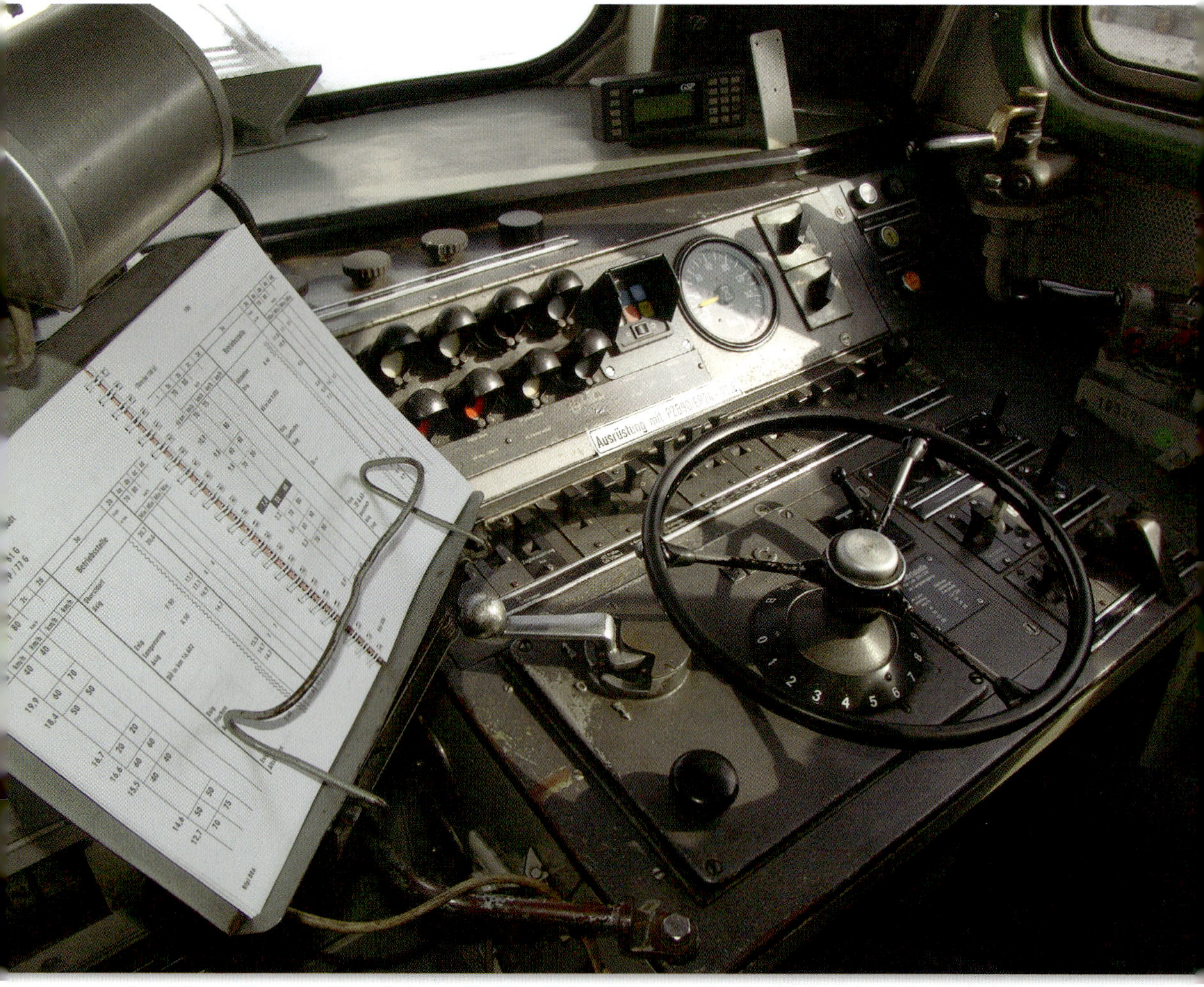

Der Führerraum der Diesellokomotive, Baureihe 218, besaß kein EBuLa; der Lokomotivführer hat das Geschwindigkeitsheft aufgeschlagen. *Fotos: Emersleben (2)*

In der elektrischen Lokomotive der Baureihe 111: Der Lokomotivführer hat den Fahrschalter in der Hand. Rechts an der Wand finden wir den Seitenfahrschalter, den der Lokomotivführer bedient, wenn er aus dem Seitenfenster sieht. Ganz links: das Zugfunkgerät, rechts von ihm das Display des EBuLa.

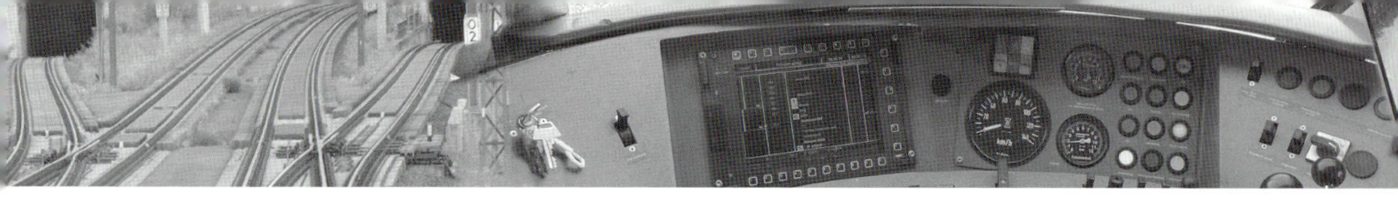

Im Führerraum der Lokomotive 233 536, einer modernisierten Diesellokomotive aus der UdSSR: Das Bedienpult ist mit diversen Kippschaltern und Anzeigen ausgerüstet, nicht jedoch mit dem elektronischen Gerät EBuLa. *Foto: Emersleben*

Im Triebkopf des ICE-1, Baureihe 401: Über dem angeklammerten Verzeichnis der Langsamfahrstellen ist der Monitor des ECTS, weil der Zug bis Interlaken Ost fährt und die Schweizer Bahnen statt der PZB bzw. LZB dieses Zugsicherungssystem benutzen. *Foto: Emersleben*

69361	Speicherkarte gültig bis 01.12.98	30.11.98	07:33:08

V	km	Betriebsstelle		An	Ab
	25,8	**Norburg**		10:05.2	
30					
	25,3	⊢ Esig			
	17,5	Asig	A 60		
	15,4	**Bft Meilingen**		09:23.4	09:52.0
	14,6	Zsig			
	13,9	**Bft Bachstedt**		09:03.1	09:20.0
	12,8	Esig Bachstedt			
80					
	9,8				
		- ZF-Ende -			
70					
	9,3	▽ Üs			
60					
	9,2				
	7,5	Asig			
	6,8	**Neuhof**			08:55.5
	6,4	Esig			
	5,6	▽ VE			
70					
	3,4	**Bk Angerb Hst**			08:50.4
	0,3	Asig	A 60		
	0,0	**Mittelstadt**		08:18.3	08:46.0
	83,2				
80					
	84,2	Esig			
	90,7	Sbk 10			08:11.2
	93,2	Sbk 8			08:08.0
	95,3	Asig			
90					
	95,7	**Arensberg**		07:44.3	08:05.0
	96,4	Esig	E 50		
	99,2	Sbk 6			07:40.5
	99,9	**Edelsdorf Hp**			07:40.0
85					
	102,2	Sbk 4			07:37.4
	104,9	Asig			
	105,5	**Heidenau**			07:34.0
90		- ZF A 54 -			

werden. Stattdessen erhielt der Führerraum eine aktuelle Anzeige vom Monitor.
1994 bildete die Deutsche Bahn eine Projektgruppe, der das Ziel vorgegeben war, bis 1999 den Buchfahrplan und die »La« als elektronische Anzeige umgesetzt zu haben. Die riesige Datenmenge der Fahrpläne musste auf einer Compact Disc (CD) gespeichert werden, die im Führerraum in das Anzeigegerät gesteckt wurde. Die Sache erwies sich als nicht »bahnfest«. Das funktionierte erst mit den kleiner gewordenen Speicherbausteinen (Chips), die in den Werkstätten alle drei Monate gewechselt und dabei aktualisiert wurden. Da dies für den täglichen Betrieb nicht ausreichte, erhielten die Lokführer Speicherkarten (EBuLa-Karten), die täglich vor dem Dienstbeginn auf den neuesten Stand gebracht wurden.
Inzwischen steht aber (fast) überall der auf die Eisenbahn zugeschnittene GSM-R-Funk zur Verfügung, so dass auf diesen Aufwand verzichtet werden konnte. Alle Fahrplandaten werden mit Hilfe der Funktechnik von einem Zentralserver bereitgestellt, so dass der Lokomotivführer nur noch die jeweilige Zugnummer einzugeben braucht, um den Fahrplan seines Zuges auf dem Monitor erscheinen zu lassen. Dieses Verfahren ist aber in Frage gestellt, wenn der Zentralserver im DB-Rechenzentrum Berlin-Mahlsdorf ausfällt, wie es seit 2009 zweimal geschah. Als »Rückfallebene« ist der Fahrplan in Papierform vorgesehen, der tagesaktuell, nicht unverändert vom Vortag, gedruckt übermittelt werden muss. Beim ICE Berlin – Frankfurt (Main) erreicht solch ein Fax den Umfang von 18 Seiten, die binnen 20 Minuten übermittelt werden!
Da die Triebfahrzeuge der Deutschen Bahn nicht mit Fax-Geräten ausgestattet sind, muss ihnen dann das Fax von der Einsatzstelle oder von einer örtlichen Dienststelle übermittelt werden. Das scheitert wiederum daran, dass viele Bahnhöfe überhaupt kein Betriebspersonal mehr besitzen. Anders ist es bei den Fahrzeugen vieler anderer Eisenbahnverkehrsunternehmen, deren Personal, namentlich im Güterzugbetrieb, sehr flexibel eingesetzt wird. Dieses erhält den Fahrplan, die »La« und andere Anweisungen vom Fax-Gerät im Führerraum. Die Lokomotiven sind damit ausgestattet.
Die Deutsche Bahn auch andere Eisenbahnverkehrsunternehmen nutzen EBuLa mit der Funktion des elektronischen Buchfahrplans weitgehend seit Mitte 2005, und die Lokomotivführer sind recht zufrieden damit. Inzwischen werden nicht nur die Fahrpläne des Regelverkehrs, sondern auch die der Sonderzüge in das System eingespeist.

Abb. links: Von unten nach oben ist der EBuLa-Buchfahrplan auf dem Bildschirm zu lesen.

Auch vom D-1-Netz

Allerdings: Lädt EBuLa den Fahrplan, darf es kein Gespräch über den Zugfunk geben, auch keine Fertigmeldungen. Zu dieser technischen Kollision kommt es beispielsweise bei Zugverspätungen auf Wendebahnhöfen. Reicht etwa in Stralsund die Zeit zum Speichern des Buchfahrplans für den Regionalexpress nach Elsterwerda nicht aus, dann darf nach einer Weisung von DB-Regio der Lokomotivführer ohne den gültigen Fahrplan abfahren. Denn der Lokomotivführer muss in der verkürzten

Wendezeit in dem einen Führerraum »abrüsten«, an das andere Zugende laufen und dort in dem anderen Führerraum wieder »aufrüsten«, währenddessen die Abfahrtszeit gekommen ist. Die meisten Lokomotivführer laden, wenn eine solche Situation zu erwarten ist, bereits auf der Hinfahrt den Buchfahrplan für die Rückfahrt. Sie haben die Erfahrung, dass das Laden der Daten während der Fahrt besser funktioniert als beim Halten auf einem Bahnhof. Dort besteht die Gefahr, dass sie in einem Funkloch stecken. Auch in unterversorgten Gebieten, wie um Adorf (Vogtl), können die Fahrplandaten nur dann geladen werden, wenn der Lokomotivführer in das D-1-Netz wechselt.

Neben der Zugnummer können der Anfangs- und Zielbahnhof, die Verkehrstage (zum Beispiel montags bis freitags), die Mindestbremshundertstel, die Baureihenummern der arbeitenden Triebfahrzeuge genannt sein.

Die Führerraumanzeige enthält die Zug- und die Streckengrunddaten. Zuggrunddaten sind: Zuggattung, Zugnummer, der Buchstabe L, wenn im Zug Lautsprecherdurchsagen gemacht werden sollen, die Bezeichnung »Sperrfahrt« oder »Sperrfahrt Kl«, und die Fahrplandaten. Zu denen gehört die Last (zulässiges Gewicht des Wagenzuges). Bei Triebwagen kann die Zusammensetzung der Einheit angegeben sein, zum Beispiel »Tfz 628.2 + 928.2«. Eine Grenzlast ist durch »GL« hinter der Lastangabe gekennzeichnet,

Hinzu kommen die Angaben zur größten zulässigen Geschwindigkeit, zur Bremsstellung (bei R + Mg oder P + Mg ist »Mg« [5] angegeben),

5 *R = Stellung rapid, Mg = Magnetschienenbremse, P = Stellung Personenzug.*

Wende für den Stadtbahnwagen 870 der Albtal-Verkehrs-Gesellschaft auf dem Hauptbahnhof von Freudenstadt (2011). Regelmäßig treffen sich hier die Fahrzeuge dreier Eisenbahnunternehmen.
Foto: Erich Preuß

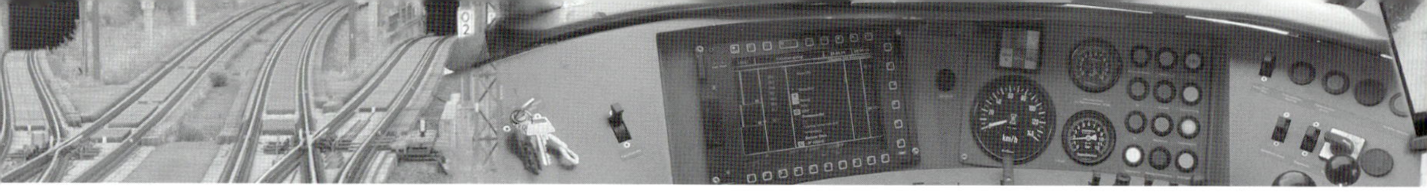

zur Notbremsüberbrückung bei Reisezügen, wenn Tunnel befahren werden, damit der Zug nicht im Tunnel zum Halten kommt, sowie die Angaben zur Stufenschaltung bei Zügen, die mit Brennkrafttriebfahrzeugen befördert werden. Es bedeuten: SG = Schnellgang, LG = Langsamgang. Reisezüge werden im Schnellgang gefahren.

Hinzu kommen fünf weitere Angaben, die hier nicht genannt werden.

In der Anzeige erscheinen Symbole und Abkürzungen in einer Vielzahl, die man kaum auswendig lernen kann. Zum Glück fahren die Lokomotivführer kaum auf allen Strecken, gewöhnen sich an wiederkehrende Regeln und Verhaltensweisen, die im Laufe der Zeit

Im Triebwagen der Baureihe 429 (FLIRT = Flinker Leichter Innovativer Regional-Triebzug) werden nur noch Knöpfchen gedrückt. Der Bildschirm wird auch für EBuLa genutzt. *Foto: Emersleben*

automatisiert werden. Dieser dynamische Stereotyp wird aber zur Gefahr (»Die Macht der Gewohnheit«), wenn sich plötzlich etwas veränderte.

Dass die Angaben der »La« in das elektronische System einbezogen werden, ist nur eine Frage der Zeit. Bei der S-Bahn in Stuttgart wurde das 2009 versucht. Inzwischen wurden die Lokomotivführer der Deutschen Bahn umfassend geschult, so dass mit der Übertragung der La-Daten zum Ende des Jahres 2011 gerechnet wird. Der Wegfall der gedruckten »La« muss mit dem Nachteil in Kauf genommen werden, dass die Fahrdienstleiter und andere Beteiligte sie nicht mehr erhalten.

Auf dem Monitor im Führerpult sieht der Lokomotivführer alle ihn betreffenden Angaben zur Strecke in logischer Reihenfolge. [9]

Im Zweisystem-Stadtbahnwagen der Baureihe 450 finden wir ebenfalls viele Knöpfchen, aber das Fahrzeug besitzt alles, was die Eisenbahn-Bau- und Betriebsordnung verlangt.

Foto: Emersleben

Die Sifa

Zur Vorbereitung auf die Zugfahrt gehört auch, die Sicherheitsfahrschaltung (Sifa) zu prüfen. Sie ist ein unerhört bedeutendes technisches Mittel für die Sicherheit des Lokomotivführers und damit auch für die Reisenden und den Zugbetrieb. Sie war Voraussetzung, ohne Beimann fahren zu dürfen. Auf die Funktion des Beimannes wird an anderer Stelle des Buches eingegangen. Die Sifa wird wirksam, wenn der Lokomotivführer wegen Übermüdung oder Unwohlsein nicht mehr dienstfähig ist. Sie löst eine Zwangsbremsung aus, wenn der Triebfahrzeugführer das Bewusstsein verliert und die Sifa nicht mehr bedient. Denn zur Bedienung gehört, dass er während der Fahrt in kurzen Intervallen eine Taste oder ein Pedal betätigen muss. Unterbleibt diese Betätigung, erscheint innerhalb eines bestimmten Zeitintervalls eine optische Warnung (Aufleuchten einer Warnlampe), nach 2,5 Sekunden folgt zunächst die akustische Warnung (die Hupe), und nach weiteren 2,5 Sekunden setzt die Zwangsbremsung ein. Auf alle Fälle hat der Lokomotivführer vor der Zugfahrt zu prüfen, ob die Sifa wirkt.

Nach der Richtlinie 492.0001 gehört das zu den Vorbereitungsarbeiten:

a) Drücken Sie den Sifa-Taster – wenn vorhanden auch den Sifa-Prüftaster – im Stillstand des Tfz, und warten Sie das Aufleuchten des Leuchtmelders, das Ertönen des Summers/der Sprachausgabe, das Absinken des Hauptluftleitungsdrucks und den Anstieg des Bremszylinderdrucks ab. Lassen Sie den Sifa-Taster danach kurzzeitig los, und bedienen Sie diesen erneut, um die

Aus Cargo war Railion geworden, wie man an den Lokomotiven im Betriebshof Mannheim sieht (2005).
Foto: Erich Preuß

Sifa-Prüfung abzuschließen.

b) Ist die Sifaprüfung bauartbedingt nach a) nicht möglich, prüfen Sie die Sifa auf einem geeigneten Gleisabschnitt.[6] Bei gering aufgeschalteter Leistung lassen Sie den Sifa-Taster los und warten das Ertönen des Summers/der Sprachausgabe, das Einleiten der Zwangsbremsung und das Abschalten der Antriebsleistung ab. Drücken Sie den Sifa-Taster, erneut, um die Prüfung abzuschließen.

c) Wenn die Sifa-Prüfung nach a) und b) nicht möglich ist, müssen Sie die Sifa während der Fahrt prüfen

- nach dem ersten betrieblichen Wenden,
- nach dem Umschalten vom funkferngesteuerten Betrieb des Tfz auf manuellen Betrieb.

Dabei prüfen Sie bei gedrücktem Sifa-Taster das Aufleuchten des Leuchtmelders und das Ertönen des Summers/der Sprachausgabe. Bedienen Sie die Sifa während der Fahrt durch ständiges Drücken eines Sifa-Tasters und lassen Sie diesen spätestens nach dem Aufleuchten des Leuchtmelders oder Ertönen des Summers/der Sprachausgabe kurzzeitig los, und drücken Sie dann erneut.

Im LINT, dem Leichten Innovativen Nahverkehrstriebwagen, gehören zum Führerpult links der Monitor des EBuLa, daneben der Geschwindigkeitsmesser, daneben das Manometer für den Bremszylinderdruck, darüber für die Hauptluftleitung. Rechts sehen wir den Fahr- und Bremshebel sowie das Führerbremsventil. *Foto: Emersleben*

6 *In den Einsatzstellen gibt es entsprechende Gleisabschnitte mit Hinweisschildern Sifa-Beginn und Sifa-Ende.*

Vom Totmannknopf zur Sifa

Ein Exkurs in die Geschichte der Sifa: Früher war sie früher als »Totmannknopf« bekannt. Beispielsweise blieb auf dem Diesel- oder elektrischen Fahrzeug der Antrieb, solange der Fahrschalter gedrückt wurde, und blieb dabei auch das Fahrzeug ungebremst. Weil der Lokomotivführer diesen Hebel dauernd beschweren konnte, indem er vielleicht einen Gegenstand auf die Taste legte, oder er fiel bewusstlos auf den Hebel und drückte ihn dadurch nieder, blieb der Totmannknopf wirkungslos. Andere Bauarten mussten gefunden werden, die das Drücken und Loslassen erzwingen. Verbreitet ist die Fußtaste oder -wippe. Bei der noch in der Vorkriegszeit vom Reichsbahn-Zentralamt entwickelten Sifa, die nach 1945 verbreitet eingeführt wurde, leuchtete nach 30 Sekunden ununterbrochener Betätigung ein Melder, nach weiteren 75 Metern ertönt ein Summer, nach nochmals 75 Metern kam es zur Zwangsbremsung.

Aber auch mit der machte man die Erfahrung, dass der Zug zu lange führerlos fuhr, wenn sie nur zeit- oder nur wegabhängig war. Die Deutsche Reichsbahn führte die »Aufforderungs-Sifa« ein, die sowohl die abgelaufene Zeit als auch den zurückgelegten Weg überwacht. Bei ihr muss der Triebfahrzeugführer auf ein von der Zeit- und Weg-Funktion bestimmtes optisches Signal warten und die Sifa-Taste drücken.

Die Wegabhängigkeit wird über Antriebsschnecke hergestellt, die der Radsatz antreibt. Während mit Hilfe eines Relais die Zeit abläuft, wird das an einem Hebel befestigte und mit einer Rückstellfeder versehene Schneckenrad durch einen Elektromagneten aus dem Eingriff

S-Bahn von Friedberg in Bad Vilbel Süd (2010). Das häufige Halten, Beobachten des Bahnsteiges und Anfahren belastet die Triebwagenführer. *Foto: Erich Preuß*

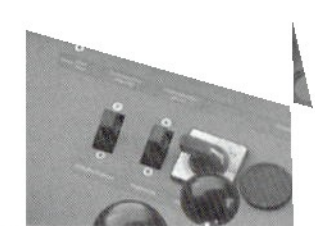

der Antriebsschnecke herausgehoben. Nach Ablauf der 30 Sekunden fällt das Schneckenrad auf den Antrieb, wird gedreht, und nach 75 Meter Weg wird auf dem Schneckenrad ein Kontakt erreicht, der das akustische Signal auslöst. Nach weiteren 75 Metern endet die Verzahnung des Schneckenrades, so dass der Hebel auf das Auslassventil fällt. Die Hauptluftleitung wird entlüftet. Durch den Druckabfall wird auch ein Druckschalter bedient, der den Antrieb elektrischer oder Diesellokomotiven abschaltet.

Die Zeit-Zeit-Sifa verbreitete sich, weil ungeachtet der Vorteile der Weg-Zeit-Sifa der Aufwand für das Umrüsten aller Lokomotiven zu aufwändig war. Doch kam noch ein drittes, kombiniertes System zum Zuge: Wird die Sifa-Taste nicht nach 30 bis 60 Sekunden betätigt, schaltet die Sifa auf die Wegeabhängigkeit um und bremst die Lokomotive nach dem eingestellten Weg ab bzw. bringt sie zum Stillstand, sofern sie immer noch nicht bedient wird.

Die Reichsbahn (Stand 1975) verzichtete bei den Baureihen 100, 101 und 102, nicht jedoch bei der Baureihe 102.1 auf die Sifa. Die ersten Lokomotiven der Baureihe 106 besaßen wie die der Baureihe 102.1 eine Zeit-Wege-Sifa. Spätere 106 wurden mit der Zeit-Zeit-Sifa versehen. Die Baureihe 110 wurde von der Lokomotive 110 104 an mit einer elektronischen Sifa nachgerüstet. Die Baureihe 118 war mit einer wegeabhängigen Sifa nach dem System der zeitabhängigen Wachsamkeitskontrolle versehen. Die Lokomotiven der Baureihe 120 besaßen die Sifa, die nach dem Prinzip Zeitabhängigkeit mit Wachsamkeitskontrolle arbeitete.

Die Deutsche Reichsbahn und der Medizinische Dienst des Verkehrswesens [in der DDR]

Ausfahrt in Knappenrode nach Horka: Die Lokomotive der Baureihe 232 übernahm in Hoyerswerda den PKP-Leerwagenzug aus dem Ruhrgebiet. Foto: Erich Preuß

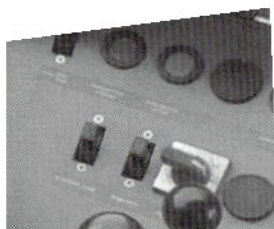

erprobten eine Sifa-Brille, die auf die Bewegung der Augenlider achtete. Diese Neuerung ist nicht weiter verfolgt worden. Vermutlich störte das schwere Brillengestell.

Fehlt es an der wirksamen Sifa, muss bei Geschwindigkeiten bis zu 140 km/h den Lokomotivführer ein kundiger Eisenbahner als Triebfahrzeugbegleiter im Führerraum sein, der notfalls den Zug zum Halten bringt. Er wird vom Lokführer im Führerraum in die Arbeitsschritte eingewiesen (Schnellbremsung des Führerbremsventils, Abschalten der Antriebsleistung, Anlegen der Hand- oder Feststellbremse).

Jeder ging davon aus, dass in dem Maße, wie die Zahl der älteren Lokomotiven und damit die ältere Technik der Sicherheitsfahrschaltung abnimmt, auch der Triebfahrzeugbegleiter verschwindet. In den zuvor genannten Fällen des Sifa-Ausfalls rekrutiert er sich aus dem Zugbegleitpersonal, dem Rangierer oder dem Eisenbahner des Wagenuntersuchungsdienstes.

Doch ist die Begleitung im Führerraum nicht nur beim Sifa-Ausfall, sondern auch dann notwendig, wenn die Zugbeeinflussung ausfällt und der Zug mit einer Geschwindigkeit von mehr als 100 km/h fahren soll. Denn die Eisenbahn-Bau- und Betriebsordnung schreibt auf Strecken mit einer zulässigen Geschwindigkeit von mehr als 100 km/h die Ausrüstung mit einer Zugbeeinflussung vor, durch die ein Zug zum Halten gebracht werden kann. Auf Strecken mit einer zulässigen Geschwindigkeit von mehr als 160 km/h fordert der Gesetzgeber eine Zugbeeinflussung, durch die der Zug zum Halten gebracht und außerdem geführt werden kann. Auch Züge mit einer zulässigen Geschwindigkeit von bis zu

Die Bimmelbahn von Bad Orb nach Wächtersbach auf dem von Normalspur auf 600 mm umgenagelten Gleis benötigt keine Zugbeeinflussung (2010). Die Lokomotive darf sogar nur mit einem Mann besetzt sein. *Foto: Erich Preuß*

100 km/h müssen mit Zugbeeinflussung ausgerüstet sein, wenn sie überwiegend auf Strecken mit Zugbeeinflussung verkehren. Diese gesetzliche Vorschrift bringt Museumsbahnen in Schwierigkeiten, wenn sie mit ihren Triebfahrzeugen auch nur einen kurzen Abschnitt derartiger Strecken benutzen möchten oder müssen. Abgesehen von dem technischen und finanziellen Aufwand, bleibt dann von der Rekonstruktion des Fahrzeugs nach musealen Gesichtspunkten wenig übrig.

Für den genannten Ausfall der Zugbeeinflussung, bedarf es eines kundigen Begleiters, der sich zumindest in der Bedeutung der Signale auskennt. Üblich war es, dass der Zugführer neben den Triebfahrzeugführer die Signale beobachtete. Seit 2011 ist bei der Deutschen Bahn der Zugführer ohne betriebliche Funktion, auf sächsischen Strecken bereits früher. Deshalb ordnete DB-Regio an, nur ein KiN-B [= Kundenbetreuer im Nahverkehr Betrieb] darf in diesen Fällen Begleiter des Lokomotivführers sein.

Zugbeeinflussung

Zu seiner Sicherheit und auch die der Reisenden wie der des Zugbetriebs überhaupt wurden bereits in den dreißiger Jahren Vorkehrungen getroffen, die die unzulässige Vorbeifahrt am Haltsignal verhindern bzw. dann den Zug zwangsweise anhalten. Diese punktförmige Zugbeeinflussung kann eine mechanische Fahrsperre sein, wie sie bei der Berliner S-Bahn anzutreffen ist, oder aber die induktive Zugbeeinflussung (Indusi), die für Geschwindigkeiten bis zu 160 km/h geeignet ist.

Bei ihr sind an bestimmten Stellen im Gleis Da-

Die ES 64 F 4, eine Mietlokomotive, die sonst als E 189 095 bezeichnet wurde, fährt auf dem Grenzbahnhof Emmerich ein. Sie muss mit den Zugsicherungssystemen aller benutzten Bahnnetze ausgerüstet sein. *Foto: Erich Preuß*

tenpunkte, auch als Gleismagnete bezeichnet, eingebaut. Diese senden auf eine Festfrequenz abgestimmte Schwingkreise, die signalgesteuert durch Kurzschließen deaktiviert werden können. Nähert sich ein Zug dem Haltsignal, passiert der Zug folgende wirksame (»scharf geschaltete«) Gleismagnete:

- 1000 Hz in Höhe des Vorsignals
- 500 Hz etwa 250 Meter vor dem Hauptsignal (nicht immer vorhanden)
- 2000 Hz am Hauptsignal.

Nach dem 1000-Hz-Magneten muss der Triebfahrzeugführer innerhalb von vier Sekunden eine Wachsamkeitstaste betätigen; unterlässt er dies, kommt es zur Zwangsbremsung. Nach der Wachsamkeitsprüfung beginnt auf dem Fahrzeug die »angehängte Geschwindigkeitsprüfung« als eine Bremswegüberwachung, die wiederum mit der Zwangsbremsung reagiert, wenn der Zug nicht innerhalb einer bestimmten Zeit die Geschwindigkeit auf einen bestimmten Wert ermäßigt hat.

Die Deutsche Bahn entwickelte die Indusi nach einem schweren Unfall der S-Bahn auf dem Bahnhof Rüsselsheim 1992 weiter, weil nach dem Halten des Zuges zum Beispiel am Bahnsteig und dem Wiederanfahren infolge der enormen Beschleunigen elektrischer Fahrzeuge der Durchrutschweg hinter dem Halt zeigenden Signal als Bremsweg nicht ausreicht. Ihn zu verlängern, hätte zu erheblichen Umbauten aller Bahnhofsköpfe geführt. Stattdessen wurde das Betriebsprogramm der Zugbeeinflussung geändert, das die Be-

Bei Schlüchtern (2010). Der ICE Berlin – Frankfurt (Main) fährt hier mit PZB 90 und ohne Linienzugbeeinflussung. *Foto: Erich Preuß*

zeichnung PZB 90 erhielt und nun mit zwei Geschwindigkeitsüberwachungsfunktionen arbeitet. Nach der 1000-Hz-Beeinflussung wird zunächst die normale Funktion wirksam. Wird eine sehr niedrige Umschaltgeschwindigkeit für eine bestimmte Zeitdauer unterschritten (bis zum Halten), setzt eine restriktive Überwachungsfunktion ein; der Zug kann dann nur bis zu der Überwachungsgeschwindigkeit beschleunigt werden. Gesichert ist damit, dass der Durchrutschweg hinter dem Signal (in der Regel 50 bis 100 Meter), der eigentlich nur für das »Verbremsen« frei gehalten wird, ausreicht und es nicht, wie im Fall des Zusammenstoßes von Rüsselsheim zur Flankenfahrt kommt.

Allerdings zeigt die Zugbeeinflussung dem Triebfahrzeugführer nicht an, wenn ein Gleismagnet ausfällt. Und es gibt eine Anzahl von Strecken, 2011 allein im Netz der Deutschen Bahn noch von rund 3000 Kilometer Länge, die nicht mit der Indusi ausgerüstet sind. Der Lokomotivführer bleibt für die Beachtung der Haltsignale verantwortlich. Sein Verhalten gegenüber den Signalen wird übrigens aufgezeichnet.

Wie die Fahrsperre bei Geschwindigkeiten von mehr als 100 km/h unzureichend ist, ist es die induktive Zugbeeinflussung bei Geschwindigkeiten von mehr als 160 km/h. Die Bremswege sind dann länger als die Abstände der Vorsignale, bei 200 km/h Geschwindigkeit auch bei Schnellbremsung etwa 1000 Meter. Bei höheren Geschwindigkeiten kann die normale Betriebsbremsung 4000 Meter Bremsweg erfordern. Die Vorsignale stehen aber nur 750 bis 1000 Meter vor den Hauptsignalen. Diese Abstände zu verlängern, würde die Kapazität der Strecke beschneiden.

Auf elektronische Sicht

Auch in diesem Fall musste ein neues Betriebsprogramm gefunden werden. Das führte zur kontinuierlichen Geschwindigkeitsüberwachung, die mit der Linienförmigen Zugbeeinflussung (LZB) geschaffen wurde. Man sagt auch, bei der LZB wird auf elektronische Sicht gefahren, weil sie keine ortsfesten Signale erfordert. Bei ihr arbeiten wie bei der punktförmigen Zugbeeinflussung ortsfeste Streckeneinrichtungen mit ortsveränderlichen Fahrzeugeinrichtungen zusammen, aber die Informationen werden auf induktivem Weg über Linienleiterschleifen einem Rechner übermittelt.

Diese Schleifen bestehen aus einem Kabel, das in den Gleisen befestigt und zum Ausgleich elektrischer Einflüsse sowie zur Standortbestimmung der Züge alle 100 Meter gekreuzt ist. Bei neueren Anlagen werden zur Verbesserung der Zuverlässigkeit und der Übertragungsqualität sogenannte Kurzschleifen mit je 300 Metern Länge verwendet, die elektrisch parallel geschaltet werden.

Der Fahrort eines Zuges, also die Stelle, wo er sich jeweils befindet, wird in kurzer Folge dem Rechner durch die Meldung des von der Zugspitze besetzten 100-Meter-Abschnitts als Grobort übermittelt. Durch ein zweites, unabhängiges Feinortungsverfahren auf dem Triebfahrzeug wird zusätzlich die Position innerhalb des Grobortes auf 12,5 Meter genau, dem Feinort, gemeldet.

Die in der Streckenzentrale mit Hilfe des Rechners ermittelten Fahrbefehle für die Züge werden über das Fernspeisegerät, die Linienleiter und Antennen an das jeweilige Fahrzeuggerät übermittelt, dort aufbereitet und an ein An-

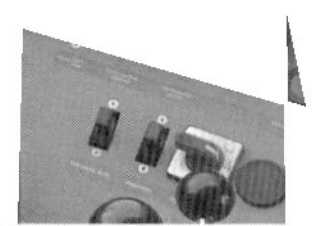

zeigegerät sowie an die Automatische Fahr- und Bremssteuerung (AFB) weitergegeben. Angezeigt werden im Wesentlichen die Soll-Geschwindigkeit, die Ist-Geschwindigkeit, die Ziel-Geschwindigkeit und die Zielentfernung. Die Ist-Geschwindigkeit des Fahrzeuges wird durch die Linienförmige Zugbeeinflussung kontinuierlich überwacht; übersteigt sie einen zulässigen Wert, wird selbsttätig eine Schnellbremsung ausgelöst.
Was ist zu beachten, wenn diese Zugsicherung ausfällt? Die sogenannte Rückfallebene der Linienförmigen Zugbeeinflussung ist dann die punktförmige mit den jeweiligen Einschränkungen der zulässigen Geschwindigkeit auf nur noch bis zu 160 km/h bzw. 100 km/h. Was aber, wenn die dadurch bedingten Verspätungen nicht hingenommen werden sollen? Für die Geschwindigkeit zwischen 160 km/h und höher besteht schon wegen der langen Bremswege keine Alternative. Bei Geschwindigkeiten zwischen mehr als 100 km/ und 160 km/h braucht der Lokomotivführer einen Begleiter (zwischen 140 km/h und 160 km/h der Zug auch Magnetschienenbremsen).
Eine solche Begleitung infolge Ausfall der Zugbeeinflussung ist keineswegs ein Ausnahmefall für einen Zug oder eine Strecke. Am 7. April 2011 begannen für die S-Bahn in Nordrhein-Westfalen die Software-Probleme in den Triebwagen der Baureihe 422, welche die Punktförmige Zugbeeinflussung wirkungslos machten. Bei 84 Triebwagen musste die Höchstgeschwindigkeit von 140 km/h auf 100 km/h herabgesetzt werden. Dadurch ließ sich der Fahrplan nicht einhalten.
Um das zu vermeiden, setzte DB-Regio 150 Triebfahrzeugbegleiter ein, die sie aus den Führungskräften, Fahrkartenprüfern, Rentnern, die Lokomotivführer waren, und sogar aus Familienmitgliedern von Eisenbahnern zusammenstellte. Diese Begleiter erhielten einen eintägigen Schnellkurs in Signalkunde. Die Ansichten über diese Mitarbeiter schwankten zwischen Begeisterung bis zum »Stück aus dem Tollhaus«. Unter den Lokomotivführern konnte die Deutschen Bahn in Nordrhein-Westfalen solche Begleiter nicht gewinnen, weil 200 Stellen nicht besetzt sind. [26]
Für Züge mit Geschwindigkeiten zwischen 140 km/h und 160 km/h wird bei unwirksamer Sifa ein ausgebildeter Triebfahrzeugbegleiter beigestellt, sofern die Zugsicherungseinrichtung der Bauformen I 54 oder I 60 funktionsfähig ist. Bei der Zugbeeinflussung[7] der Bauarten I 60 R, I 80, PZB 80 und PZB 90 bedarf es nicht des besonders ausgebildeten Begleiters.

Die Geschwindigkeiten

Die zulässigen Geschwindigkeiten eines signalgeführten (im Unterschied zum LZB-geführten) Zuges sind in seinem Fahrplan vorgegeben. Steht eine Führerraumanzeige der Fahrplanangaben nicht zur Verfügung und sind in der »La« andere Geschwindigkeiten als in der schriftlichen Ausgabe des Fahrplans vorgesehen, sind diese die zulässigen Geschwindigkeiten. Die im Fahrplan angegebene größte zulässige Geschwindigkeit des Zuges darf jedoch niemals überschritten werden.
Die zulässigen Geschwindigkeiten eines LZB-geführten Zuges werden in der Führerraumanzeige als Soll-Geschwindigkeit (V-Soll) angezeigt.

---

7 *Der ältere Begriff lautete Zugsicherung.*

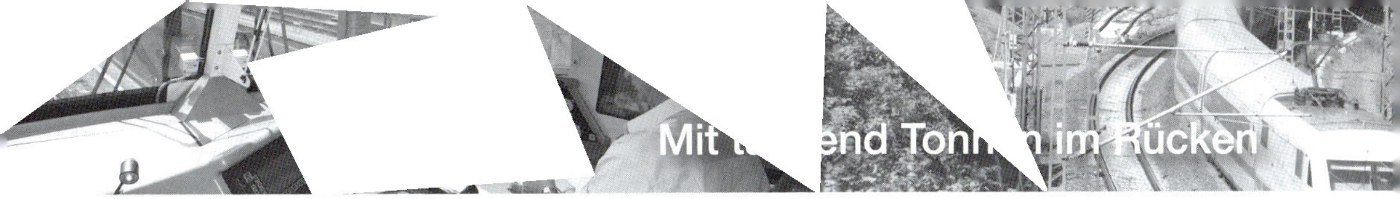

In Xanten endet für die Triebwagen der Nord-Westbahn, die zu Veolia-Verkehr gehört, die Fahrt von Duisburg Hbf (2010). *Foto: Erich Preuß*

Zu den zulässigen Geschwindigkeiten: Sie können eingeschränkt sein durch

- Signale,
- die für besondere Betriebsverhältnisse und für Unregelmäßigkeiten gegebenen Regeln,
- schriftlichen Befehl oder Fahrplan-Mitteilung,
- den Fahrplan bei einem LZB-geführten Zug bei Ausstieg aus der LZB,
- Regeln für das Bedienen des Triebfahrzeugs,
- das Fehlen von Bremsgewicht.

Die jeweils niedrigste Geschwindigkeit ist dann die zulässige Geschwindigkeit des Zuges. Das ist die Theorie.

Die Praxis der Erfahrenen: »Laufen lassen« und die Geschwindigkeit von Signal zu Signal so einzuteilen, dass nicht zuviel gebremst und wieder beschleunigt werden muss, wirtschaftlich fahren, bei Energie zu sparen und für die Fahrgäste nicht unangenehm bremsen.

Der Lokomotivführer braucht das Fingerspitzengefühl und den Blick auf EBuLa besonders bei dichtem Verkehr und dichtem Abstand der

Signale. Er soll sanft fahren, präzise und ohne Ruck halten – er soll selbst Freude am Zugfahren haben, wozu auch immer das Anhalten gehört wie beim Fliegen das Landen als den schwierigsten Vorgang. Güterzüge zuverlässig zu bremsen, ist viel schwerer als kurze Reisezüge oder Triebwagen. Wegen des bei langen Zügen, wie es Güterzüge nun einmal sind, langsamer eintretenden Druckabfalls der Druckluftbremse fahren diese Züge in der Bremsart II, bremsen langsamer als in der Bremsart I, bei der es für hohe Geschwindigkeiten obendrein die Stellung R, die Magnetschienen- und die Wirbelstrombremse gibt. Im Güterzug dagegen reagieren die Bremsapparate der Wagen mit meist ob ihrer Herkunft verschiedenen Bremsventilen träge. Das gilt es zu beachten, wenn man vom Schnell- auf einen Güterzug umsteigt und umgekehrt.

Bei der Deutschen Bahn werden die Lokomotivführer vor derartigem »Umsteigen« bewahrt, es sei denn, im Ausnahmefall (Abschleppen eines Zuges) ist auszuhelfen. Bei anderen Verkehrsunternehmen kommt der Wechsel von einer zur anderen Zugart schon öfter vor. Zum Bremsen gehört der Bremszettel, der für unveränderliche Züge als »Dauerbremszettel« bereits vorhanden sein kann. Ansonsten überreicht ihn der Zugführer oder -helfer vor der Abfahrt des Zuges, oder das Papier kommt aus der Datenverarbeitung. Dem Bremszettel entnimmt der Lokomotivführer, welche Brem-

Der Bahnhof Groß Gerau wird in dichter Folge von Güterzügen durchfahren (2006).

Foto: Erich Preuß

Bremszettel für Zug .... am .... ab .... *
für Zug .... am .... ab .... *
für Zug .... am .... ab .... *
für Zug .... am .... ab .... *

1	2	3	4	5	6
	Zeile	**Bezeichnung**	**Wagenzug**	**arbeitende Triebfahrzeuge**	**Gesamtzug**
Angaben für Reise- und Güterzüge	1	Gewicht (t)			
	2	Bremsgewicht (t)			
	3	Zahl der Achsen			
	4	Mindestbremshundertstel	X	X	
	5	Vorhandene Bremshundertstel <u>Zeile 2, Sp 6</u> / Zeile 1, Sp 6 <u>x 100</u>	X	X	
	6	Fehlende Bremshundertstel	X	X	*)
	7	Zahl der einlösigen Bremsen			
	8	Zahl der mehrlösigen Bremsen			
	9	Zahl der Bremsen mit Ⓓ			
	10	Zahl der Bremsen mit Ⓚ			
	11	Zahl der Matrossow-Bremsen			
	12	Länge (m)			
	13	Zahl der gebremsten Achsen			
	14	Zahl der erforderlichen gebremsten Achsen <u>Zeile 3, Sp 4 x 9</u> / 10			
	15	Im Wagenzug sind Fahrzeuge, deren zulässige Geschwindigkeit niedriger ist als die des Zuges Wenn ja, niedrigste zulässige Geschwindigkeit eines Fahrzeugs im Wagenzug	nein / ja *) .... km/h	*Nicht Zutreffendes schräg durchstreichen*	
Besondere Angaben für Reisezüge	21	NBÜ/ep-Bremse an allen Fahrzeugen im Wagenzug vorhanden	nein / ja		
	22	Notbremsüberbrückung wirksam	nein / ja		
	23	Im Wagenzug sind Fahrzeuge mit den Kennbuchstaben h, z, ee	nein / ja		
	24	Im Wagenzug sind Fahrzeuge mit dem Kennbuchstaben n	nein / ja		
	25	Im Wagenzug befinden sich ausschließlich DB-eigene Fahrzeuge	nein / ja		
Besondere Angaben für Güterzüge	31	Im Wagenzug sind Fahrzeuge mit gefährlichen Gütern	nein / ja		
	32	Nummer des letzten Fahrzeugs			
Bremszettel ausgefertigt (Name)					

***) Weisung der Betriebsleitung einholen**

408.0312.01 Bremszettel A5 Bk 100

Im Laufe der Jahre sind die Angaben auf dem Bremszettel immer differenzierter geworden.

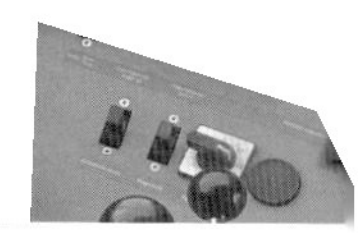

In Stendal gibt der Zugführer dem Lokomotivführer des Schnellzuges nach Rostock den Bremszettel (1983). Foto: Erich Preuß

sen sich im Zug befinden, die Angaben über das Gewicht und die Länge des Zuges, die Bremskräfte, hier Bremsgewicht genannt, und den prozentualen Anteil der Bremskraft am Zuggewicht, als Bremshundertstel (Bremsgewicht je 100 Tonnen Zug) bezeichnet. Fehlen Bremshundertstel zur Vorgabe des Fahrplans, weist die Betriebsleitung an, wie auf den jeweiligen Streckenabschnitten zu verfahren ist, gegebenenfalls muss die Höchstgeschwindigkeit vermindert werden, wenigstens in kritischen Abschnitten.

Am Rhein so schön

Jürgen Ostermeyer beschrieb 1985 in einer Tageszeitung seine Eindrücke aus dem Führerraum der Lokomotive 103 201, die einige der genannten Gesichtspunkte veranschaulichen. 30 Jahre danach hat sich, was die beschriebenen Zugfahrten angeht, nicht viel verändert.
»Der Intercity fährt auf ‚grüner Welle'. Nach dem Buchfahrplan flitzen Wiesbaden Ost, Kaiserbrücke, Mainz-Mombach, Budenheim vorbei. Erst vor Ingelheim kündigen die beiden gelben Lichter des Vorsignals in tausend Meter Abstand ein auf Halt stehendes Hauptsignal an; der Intercity muß abbremsen. Das rasch sich nähernde rote Hauptsignal wechselt, ehe der Zug anlangt, auf Grün, doch zwei Minuten sind verloren. Die meisten Züge laufen hier 120 Kilometer je Stunde, der Intercity darf zwischen Budenheim und Ingelheim 160 fahren. Möglicherweise hat sich der Fahrdienstleiter verschätzt. [...]
Mag der Reisende im Intercity das Panorama genießen und das Lied ‚Warum ist es am Rhein so schön?' vor sich hinsummen, der Lokführer hat sich auf seinen Buchfahrplan zu konzentrieren. Ihm machen teilweise krasse Geschwindigkeitswechsel zu schaffen: von 60 auf 160 Kilometer pro Stunde nach Budenheim zum Beispiel oder von Tempo 160 auf 80 vor Köln Süd – Tempowechsel auf der gesamten 188 Kilometer langen Strecke zwischen Wiesbaden und Köln.
Ursprünglich hatten die Konstrukteure der Schnellfahrlokomotiven eine vollelektronische Geschwindigkeitssteuerung vorgesehen. Der Lokführer sollte lediglich die Werte des Buchfahrplans in die Automatik eingeben, das Bremsen und Beschleunigen soll-

te dann der Computer übernehmen. Derzeit wird dieses Verfahren nur auf Streckenabschnitten mit ‚Tempo 200' angewandt. Dort ist in Form des ‚Linienleiters' eine lückenlose, narrensichere Überwachung vorhanden. Im Jahr 1971, bei Rheinweiler im Badischen, hat ein im Buchfahrplan korrekt; ausgewiesener schroffer Geschwindigkeitswechsel wegen einer versagenden Elektronik einen schweren Entgleisungsunfall mit 24 Toten zur Folge gehabt.[8] Deshalb wird die E 103 von Westenberger[9] mit ‚Handsteuerung' gefahren wie alle anderen elektrischen Loks auch. Mit einem Schaltwerk von 39 Stufen zapft der Lokführer dem Transformator unterschiedlich hohe Spannungen ab.

Der zweiminütige Aufenthalt in Koblenz und Bonn ist für den Lokführer nichts anderes als eine Betriebsanweisung. In Köln dauert die ‚Wendezeit' von 9.51 bis 11.03 Uhr; sie reicht gerade für einen Kantinenbesuch. Die Domstadt am Rhein kommt gar nicht ins Bewußtsein. Anderes beschäftigt den Lokführer, dem die Einhaltung des Fahrplans zur zweiten Natur geworden ist. Der IC 521 ‚Germania', den Westenberger auf der Rückfahrt übernehmen soll, ist in eine Art ‚Stau' geraten. Vor ‚Germania' fahren ein TEE und ein anderer Intercity-Zug, die neun Minuten auseinanderliegen, ‚Germania' folgt mit sechs Minuten Abstand. In Bonn hat Westenberger darum sieben Minuten Verspätung, in Koblenz muß er auf ein Nebengleis umgeleitet werden. Die dichte Folge von gleichrangigen und gleich schnellen Zügen erfordert dann kurz vor Mainz-Mombach eine Schnellbremsung. Auf tausend Metern Bremsweg muß der Intercity aus ‚Tempo 160' zum Stehen kommen. Dazu muß die Magnetschienenbremse eingesetzt werden, die sich geradezu an den Schienen ‚festsaugt'; mit dieser Bremse sind alle Fahrzeuge ausgerüstet, die mehr als 120 Kilometer pro Stunde laufen. ‚Germania' erreicht Wiesbaden fahrplanmäßig um 12.54 Uhr.

Welch ein Kontrast zur Fahrt im Intercity ist die Nachtfahrt im Güterzug auf der gleichen Strecke. Der Schnellgüterzug Sg 52 058 soll laut Buchfahrplan um 21.18 Uhr in Mainz-Bischofsheim abfahren, er soll dort um 21.04 Uhr vom Rangierbahnhof Mannheim ankommen, wo er zusammengestellt wird. Aber schon 45 Minuten vor Plan setzt sich die Elektrolok 151 011 in Marsch. Lokführer ist Werner Dörr, Jahrgang 1930, seit 1959 Fahrer der Bundesbahn. Dörr wird wenig von der Titulierung als Fahrer erbaut gewesen sein, aber viele Lokomotivführer wünschten sich inzwischen mehr Abwechslung bei der Berufsbezeichnung.

Der Bremszettel besagt, daß die Lok einen 330 Meter langen Zug mit 58 Achsen und 528 Tonnen Gewicht am Haken hat, der mit 97 Prozent abgebremst ist. 87 Prozent sind die ‚Mindestbremshundertstel' für den mit 100 Kilometer pro Stunde laufenden Zug. Für eine Lok, die 3000 Tonnen ziehen kann, ist die Anhängelast gering, aber das Verkehrsaufkommen ist nun einmal nicht größer in jener Nacht.«

Nacht für Nacht sind Tausende PS unterwegs, nicht nur Güterzüge mit 1000 und mehr Tonnen hinter dem Rücken des Lokomotivführers, mit Reisenden in Abteilen und in den Betten der

---

8 Die Ursache wurde nicht restlos geklärt.

9 Der Lokomotivführer hieß Paul Westenberger, die Lokomotive war die 103 201, es fuhr der IC 547 »Niedersachsen« Wiesbaden Hbf – Hannover Hbf-

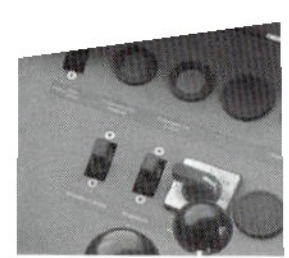

Schlafwagen, auf Magistralen wie auf lokalen Schmalspurbahnen, im Berufsverkehr wie zum Vergnügen der Ausflügler. Vor allem Güter sind unterwegs, quer durch Deutschland gehen mit Zügen von der Nordsee nach Genua, auch vom Stillen Ozean nach dem Westen der Sonne hinterher, wie bei der Transsibirischen Eisenbahn über mehr als 10.000 Kilometer. Der Güterverkehr wird in der Öffentlichkeit weniger beachtet, umso mehr von lärmgeplagten Menschen, die an solchen »Güterbahnen« wohnen oder, wie die Besitzer von Hotels und Restaurants, ihr Geld verdienen wollen. Aber immer sitzt ein Lokomotivführer vor den tausend Tonnen und mehr, der auch im Dunkeln wachsam sein muss.

Zu beachtende Details

Verfolgen wir weiter, was die Richtlinie 492 »Triebfahrzeuge führen« an Aufgaben für den Lokomotivführer vorsieht. Das sind zum Beispiel Details zur Rangierfahrt, zum Befahren von Drehscheiben und Schiebebühnen, zum Wechseln und Verlassen des Führerraums,

Neumarkt (Oberpf): Die Lokomotive 185 619 half der S-Bahn Nürnberg aus, weil die Neubaufahrzeuge nicht geliefert wurden (2010). *Foto: Erich Preuß*

zum Kuppeln, zur elektrischen Energieversorgung, zum Abstellen und Verschließen des Triebfahrzeugs, zum Überwachen des Triebfahrzeugs während der Fahrt, zur wirtschaftlichen Fahrweise, zum dynamischen Bremsen, zum Fernlicht, zum Fahren mit mehreren Triebfahrzeugen gleicher oder verschiedener Traktionsart an der Spitze des Zuges, zur Zughakenbelastung, zu Lokomotiven im Zug oder an dessen Zugschluss oder wenn sie sich im Zugverband befinden, zur Zughakenbelastung (bei 8 angetriebenen Radsätzen dürfen 55 kN nicht überschritten werden, bei 10 Radsätzen 45 kN nicht, bei 12 Radsätzen 35 kN nicht, bei geschlossenen Zügen mit automatischer Kupplung 70 kN je Radsatz nicht).

Zum Schleppen und Abschleppen heißt es: »Schleppen ist das Befördern betriebsfähiger, Abschleppen das Befördern nicht betriebsfähiger Tfz. Müssen Sie ein Tfz zum Schleppen oder Abschleppen vorbereiten, beachten Sie dabei die entsprechenden Bestimmungen in den Regeln für das Bedienen der Tfz. Tragen Sie im Übergabebuch das aktuelle Datum, Ihren Namen und ‚Schleppfahrt vorbereitet' ein.« Auch werden ihm Regeln genannt, wie er sich bei Störungen der Geschwindigkeit (»Verringern Sie die Geschwindigkeit soweit, dass der Zug die jeweils zugelassene Geschwindigkeit [Streckenhöchstgeschwindigkeit, örtliche Geschwindigkeitsbegrenzung, Fahrzeughöchstgeschwindigkeit] mit Sicherheit nicht überschreitet.«), bei Unfällen mit Gewaltschäden, Entgleisung, festen Bremsen, verdrehten oder losen Radreifen zu verhalten hat.

Der Lokomotivführer muss eine Vielzahl von Regeln beachten, die alles Andere verlangen, als nur Knöpfchen zu drücken, um erneut die Vorstellung des abgegangenen DB-Personal-Vorstandes Suckale zu zitieren. Dass mit einem Triebfahrzeug nicht wie mit einem Pkw angefahren wird, verdeutlicht Ziffer 3 »Grundsätze für den Fahrbetrieb«, Absatz 1: »Bei einer Rangierfahrt fahren Sie etwa eine Tfz-Länge in Schrittgeschwindigkeit und beschleunigen erst dann stärker, damit sich die Kupplungen ohne Zerrungen strecken oder bei Rangierfahrten, bei denen sich das Tfz nicht an der Spitze befindet, die Puffer ohne Stöße zum Anliegen kommen.«

Ansonsten nennt die Richtlinie 408 (ehemals Fahrdienstvorschrift[en]) die für die Vorbereitung, die Abfahrt und die während der Zugfahrt zu beachtenden Regeln. Der erste Grundsatz lautet: »Kein Zug darf auf einem Bahnhof abfahren, bevor der Fahrdienstleiter der Zugaufsicht die Zustimmung gegeben hat.« Gemeint ist mit der Zugaufsicht die örtliche Bahnsteigaufsicht oder jener Eisenbahner, der die Zugaufsicht wahrnimmt. Das inzwischen fast nur noch der Lokomotivführer. Der Fahrdienstleiter stimmt zu mit dem Auffahrtstellen des Hauptsignals.

Dass der Lokomotivführer zu immer mehr Aufgaben herangezogen wird, die einmal die örtlichen Betriebseisenbahner oder das Zugbegleitpersonal zu lösen hatten, liegt an der permanenten Rationalisierung und Personaleinsparung. Zuletzt bleibt der Triebfahrzeugführer übrig, weil die Züge noch nicht automatisch fahren. 2011 schränkte die Deutsche Bahn die Aufgaben des Zugführers, der von der Öffentlichkeit, insbesondere den Medien, oft mit dem Lokomotivführer verwechselt wird, auf dessen verkehrliche Aufgaben ein. Man schrieb, er solle sich auf den Kundenservice konzentrieren. Damit geht der Eisenbahn wie 1997 mit der Bahnsteigaufsicht (inzwischen auf großen Bahnhöfen als Eingeständnis einer Fehlentscheidung wieder eingeführt) erneut

Die bei den Österreichischen Bundesbahnen verbreitete Lokomotive des TAURUS-Typs durchfährt den Bahnhof Freilassing (2010). Foto: Erich Preuß

ÖBB
E
D

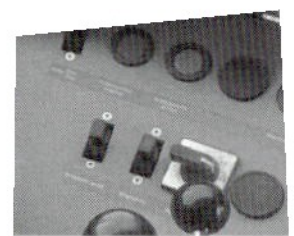

ein traditioneller Berufszweig verloren. Ohnehin wurden viele Züge nicht mehr mit einem Zugführer besetzt, so dass in diesen Fällen dessen Aufgaben auf den Triebfahrzeugführer übergingen.

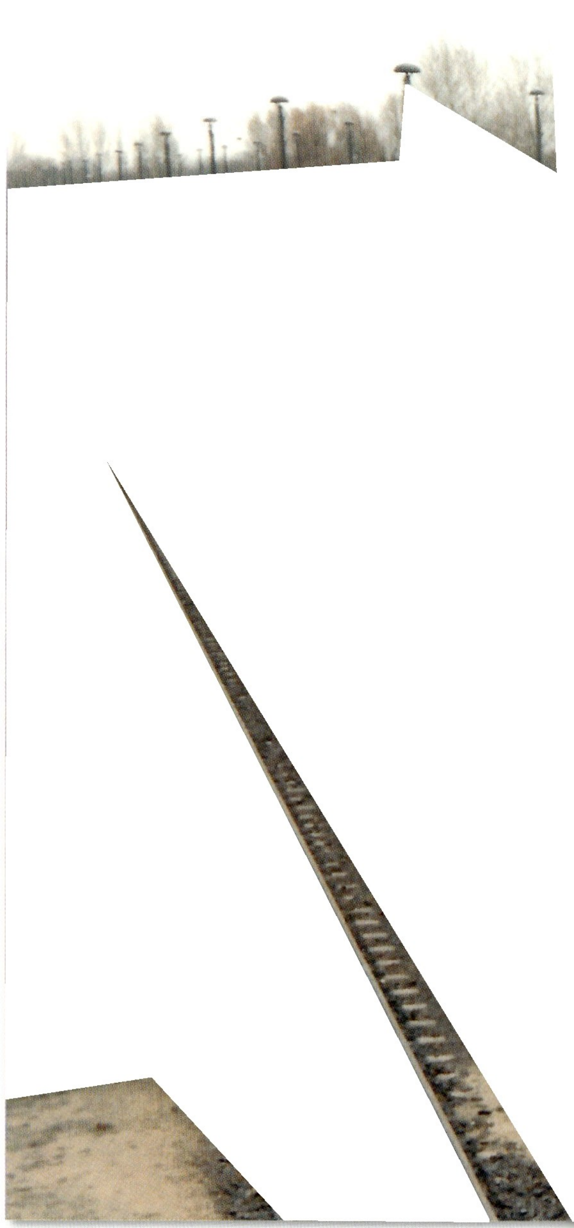

Ausnahmen von der Regel

Wer als Berufsanfänger die Richtlinien studiert, wird bald feststellen, dass es wie beim Erlernen einer Fremdsprache ist: Ist das Vokabellernen bereits anstrengend, noch mühevoller wird es, die Ausnahmen von der Regel zu beherrschen. Sie sorgen dafür, dass das Regelwerk kompliziert wurde. Das könnte schlicht und einprägsam sein, gäbe es nicht das Wenn – Sofern – Dann. Davon eine Kostprobe, die Abfahrt des Zuges betreffend:
»Kein Zug darf auf einem Bahnhof abfahren, bevor der Fahrdienstleiter der Zugaufsicht die Zustimmung gegeben hat. Die Fahrtstellung des Hauptsignals, der schriftliche Befehl, das Signal Zs 1, Zs 7, Zs 8 oder der mündliche Auftrag bei Signal Zs 2 (DV 301) gelten als Zustimmung.«
Auf Strecken der Linienförmigen Zugbeeinflussung (LZB) gelten, wenn der Triebfahrzeugführer die Zugaufsicht hat, »der Auftrag ‚LZB-Fahrt', der LZB-Ersatzauftrag, der LZB-Vorsichtauftrag, der LZB-Falschfahrauftrag oder der LZB-Linksfahrtauftrag als Zustimmung des Fahrdienstleiters zur Abfahrt. In den Örtlichen Richtlinien ist bestimmt, wo bei Hauptsignalen, die [...] zeitweilig betrieblich abgeschaltet sind, das Kennlicht als Zustimmung des Fahrdienstleiters gilt.« Es folgen sechs weitere Druckseiten, die sich allein auf die Abfahrt des Zuges beziehen, nach denen

Der Wagenmeister hat auf dem Grenzbahnhof Küstrin-Kietz die »kurze Fuhre« zum Rangierbahnhof Frankfurt (Oder) technisch untersucht und meldet nach der Bremsprobe dem Lokomotivführer: »Bremsen in Ordnung!« (1999). *Foto: Erich Preuß*

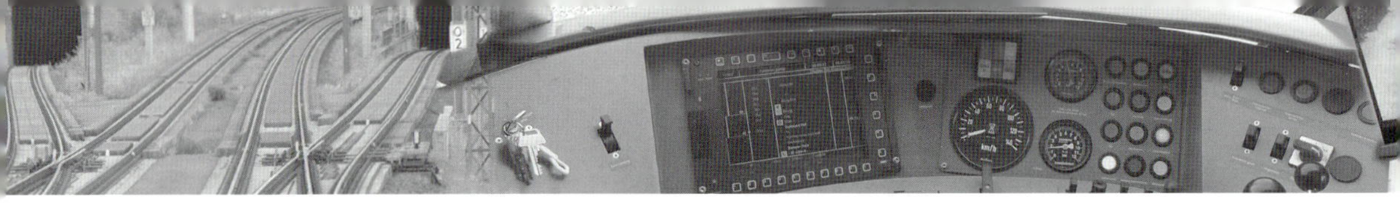

Die Zweisystemlokomotive überholt in Berlin Ostbahnhof mit dem Schnellzug nach Warschau die damalige Neuheit vor einem angekommenen Intercity (1997). *Foto: Erich Preuß*

sich der Triebfahrzeugführer zu richten hat, weil er eben nicht nur das ist, sondern inzwischen auch die Zugaufsicht. Auf alle Fälle darf er auch erst abfahren, wenn die Bremsen in Ordnung sind. Das muss ihm auf dem Zugabgangsbahnhof übermittelt worden oder auf dem Wendebahnhof bekannt sein.

Die neben der Richtlinie 408 zu beachtende Richtlinie 492 bestimmt weitere Pflichten des Lokomotivführers vor und während der Fahrt, die noch nicht genannt wurden. In Stichworten: Wenn der Führerraum gewechselt wird (Bedienungsgriffe und Schalter in Grundstellung bringen, den Führerraum verschließen und dessen Fenster geschlossen halten!), was erledigt sein muss, wenn der Führerraum verlassen werden soll, was beim Kuppeln zu beachten ist, zum Beispiel hinsichtlich der Energieversorgung der Züge, wie die Fahr- und Stillstandsüberwachung von Kleinlokomotiven geprüft und bedient wird.

Zum Sanden: »Sanden Sie nur bei Gefahr und wenn mit Schleudern oder Gleiten der Radsätze zu rechnen ist. Beginnen Sie bei ungünstiger Witterung und starkem Laubfall deshalb rechtzeitig mit dem Bremsen. Auf Weichen, Drehscheiben, Schiebebühnen, Tfz-Betankungsanlagen, Gleiswaagen und Brücken dürfen Sie, außer bei Gefahr, nicht sanden.«

Auch erhält der Triebfahrzeugführer Vorgaben zum Bedienen der Lüfter – er soll sie abschalten, wenn sie nicht benötigt werden, um das Geräusch zu mindern, zum Nutzen der dynamischen Bremse, zum Fernlicht (wann ist es abzublenden?), zur Bespannung eines Zuges mit mehreren Triebfahrzeugen.

Dabei gilt der Grundsatz, jede Lokomotive beteiligt sich entsprechend seiner Leistung an der Zugförderung, dass der Lokomotive

an der Spitze des Zuges das Einhalten der Fahrzeit möglich wird. Das elektrische Triebfahrzeug soll mehr leisten. Beim Abfahren soll möglichst gleichzeitig die Leistung aufgeschaltet werden, schon wegen der Laufruhe des Zuges. Auch sind die zulässigen Stellungen der Stromabnehmer zu beachten. Vorn oder hinten angehoben?

Zur Verständigung der Triebfahrzeugführer bei der Anfahrt des Zuges, beim Ausschalten des Hauptschalters oder zum Senken der Stromabnehmer wird allerdings nichts Schlüssiges ausgeführt. Dann lediglich: »Ist eine Sprechverbindung nicht möglich, müssen Sie als Triebfahrzeugführer des führenden Triebfahrzeugs jeweils das Achtungssignal (Zp 1) geben.« Folglich scheint die Funksprechverbindung zwischen den Führern der arbeitenden Triebfahrzeuge das Normale zu sein.

Breiteren Raum als früher sind die Vorgaben zur Energiewirtschaftlichen Fahrweise. Mit ihr soll der Lokomotivführer den Energieverbrauch verringern sowie die Betriebs- und Instandhaltungskosten senken. »Sicherheit und Pünktlichkeit des Betriebes haben jedoch Vorrang vor der Wirtschaftlichkeit.« Das war schon früher ein Grundsatz im gut geführten Eisenbahnunternehmen. Auch dass das Lokomotivpersonal monatlich Prämien erhielt, wenn es gegenüber der Norm Brennstoffe eingespart hatte. Oft ging dieser Anreiz zu Lasten der Reisekultur, wenn mit Dampf nicht oder nur sparsam geheizt wurde.

In der bereits genannten Richtlinie wird auf die Bewegungsenergie des Zuges, die Streckenverhältnisse und die Beharrungsfahrt verwiesen – eigentlich Binsenweisheiten.

Dann heißt es: »Die aufgrund des Fahrplans oder der Vorgaben aus der LZB zulässige Ge-

Schöne Berg- und Tal-Bahn bei Montabaur an der Autobahn 3: Bis zu 330 km/h schnell zwischen dem Rhein und dem Main. Foto: Emersleben

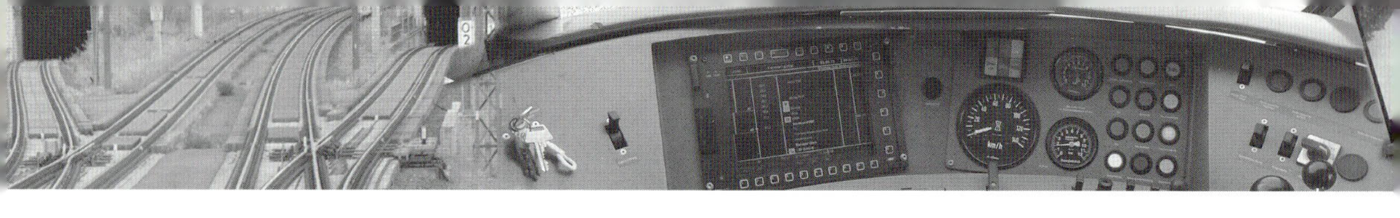

Foto: Emersleben

schwindigkeit müssen Sie nicht fahren, wenn Sie erkennen, dass die Fahrplanlage eines Zuges dies nicht erfordert. Beachten Sie dies insbesondere bei LZB-geführten Zügen durch gezielten Einsatz der Automatischen Fahr- und Bremssteuerung (AFB). Wenn es aufgrund des Fahrplans nicht erforderlich ist, sollten Sie einen Zug beim Befahren eines Gefälles nicht durch das Zuschalten der Antriebsleistung zusätzlich beschleunigen. Nutzen Sie topografische Gegebenheiten der befahrenen Strecke, um die Geschwindigkeiten eines Zuges vor Beginn eines vorhersehbaren Bremsvorganges bereits zu vermindern.«

Während der Bauarbeiten an der Hochgeschwindigkeitsstrecke Berlin – Oebisfelde und weiter bis Hannover hob eine Einzelanweisung diese Vorschrift auf; der Lokomotivführer sollte unbeschadet der LZB-Vorgaben die kürzeste Fahrzeit einhalten. Der Hintergrund war die begrenzte Streckenkapazität während des nur eingleisigen Betriebes (s. Anhang S. 190 ff).

Die angestrebte wirtschaftliche Fahrweise führte auch dazu, dass bei DB-Regio für jeden

Lokomotivführer ein »Auswertekatalog des Energiekostenmanagement« geführt wird, in dem für jedem Tag der Energieverbrauch samt Anzahl der Zugfahrten, der Last des Zuges und des Verspätungsabbaus geführt wird, um am Monatsende festzustellen, dass beispielsweise 2,4 Prozent weniger Energie verbraucht wurde als es die Norm vorsah und 611 kg CO_2 weniger verbraucht wurde.

Reichlich Einzelanweisungen

Zu all diesen Vorgaben und Regeln kommen bei der Deutschen Bahn Einzelanweisungen der Verkehrsunternehmen und von denen der einzelnen Niederlassungen. Die anderen Eisenbahnverkehrsunternehmen gehen mit derartigen Anweisungen ebenfalls nicht sparsam um.

DB-Schenker Rail verfügte am 28. April 2011 beim Abschlussdienst A 1 eine zusätzliche Sichtprüfung aller acht Räder der Lokomotive der Baureihe 145. Der Lokomotivführer hat zu prüfen, ob die Markierung von Radscheibe und Radsatzwelle übereinstimmt. Ist das nicht der Fall, hat er im Übergabebuch die Sichtprüfung zu dokumentieren und der Technischen Hotline die Störung zu melden. Eine Lokomotive mit verdrehter Radscheibe darf keinen Zug fahren. [20] Der Hintergrund dieser Weisung sind Güterzugentgleisungen

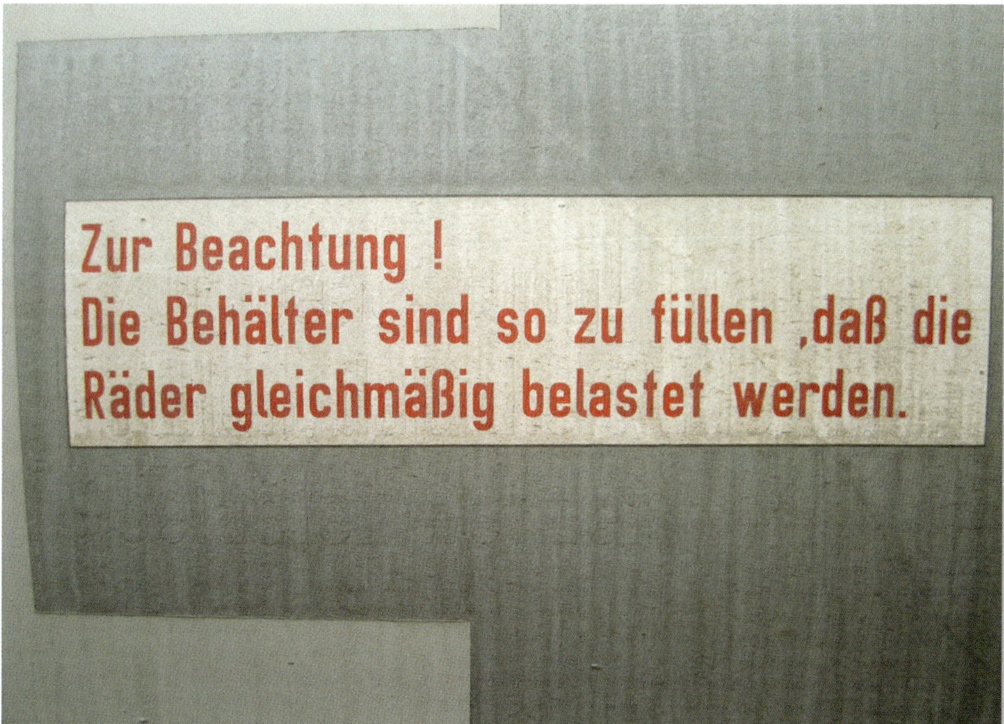

Hinweis für das Füllen mit Bremssand.

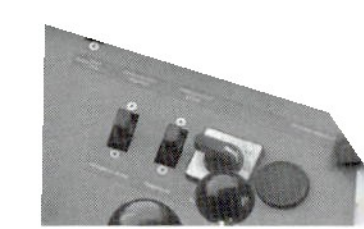

Weisung BW-C-007/2007

Für alle Eisenbahnfahrzeugführer/-innen, die auf den Triebfahrzeugen der BR 182, ES64 SU2 und Rh 1016/1116“ eingesetzt werden.

Mainz, den 29.01.2007

Sehr geehrte Eisenbahnfahrzeugführer/-innen,

Tfz-Reihe 1016/1116 182, 1047 und ES64 SU2 Gefahr schadhafter Hochspannungsdachdurchführungen

Ab sofort ist der Führerraumwechsel bei den genannten Tfz-Reihe nur bei ausgeschaltetem Hauptschalter (HS) vorzunehmen.

Triebfahrzeugführerwechsel bzw. Verlassen oder Betreten der Lok bei Vorheizautomatik ein (Abstellung im Winterbetrieb) darf ausnahmslos nur in Richtung Führerraum 1 erfolgen. Vor dem Wechsel zu Führerraum2 immer HS aus.

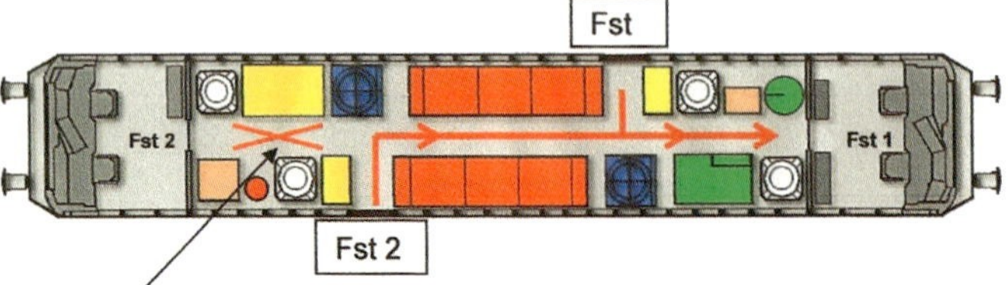

Das direkte Vorbeigehen an der Hochspannungsdachdurchführung ist bei eingeschaltetem Hauptschalter untersagt. Das bedeutet, die Schaltertafel 3 darf ebenfalls nur bei HS aus bedient werden.

Hintergrundinfo:
Fertigungsmangel der Dachdurchführung - undichte Klebestelle ermöglicht Wassereintritt in Hochspannungsstecker = Gefahr eines Überschlags. Diese Weisung gilt bis zur Kontrolle und Sanierung der Dachdurchführungen der Reihe 10/1116.

Die Weisung BW-C-006/2007 ist hiermit außer Kraft gesetzt und ist wegzulegen.

Mit freundlichen Grüßen

L.RB-GV-B 12

Herausgeber: Railion Deutschland AG (L.RB-GV-B 12)

DB

Auch solche Weisungen sind zu beachten.

Information	
für Eisenbahnfahrzeugführer (Ef), VB Mitteldeutschland	
auszulegen vom 08.12.2008 bis 31.03.2009	
Unternehmensbekleidung	

Sehr geehrte Lokführer,

wir bitten Sie, ab 01.03.2009 Hemd und Binder mit Krawatten-Nadel im Dienst zu tragen.

Dies sollten Sie bei der der Bestellung von Hemden und Bindern noch im Jahr 2008 berücksichtigen und hierfür die noch aus dem Jahr 2008 vorhandenen Punkte nutzen. Die Krawatten-Nadeln können Sie im Januar 2009 bei Ihren Team-Leitern abholen.

Eine Trageerleichterung (weglassen des Binders), z.B. bei großer Hitze, legen Sie nach eigenem Ermessen fest. Achten Sie dabei auf ihr akkurates Erscheinungsbild.

Hemden und Binder können Sie gegen Vorlage des Konzernausweises zu attraktiven Preisen in den Wäschereien die von den Hauptbahnhöfen Halle und Leipzig auch zu Fuß zu erreichen sind, reinigen lassen. Die Einzelheiten entnehmen Sie bitte den **angehängten** Informationen.

Bitte berücksichtigen Sie folgendes:

- Die Unternehmensbekleidung ist für unsere Fahrgäste und Aufgabenträger ein wichtiges Qualitätsmerkmal.
- Mitarbeiter der Wettbewerber tragen Hemd und Binder als Selbstverständnis und setzen damit Maßstäbe.
- wir stehen im Wettbewerb und dürfen daher keine Chance auslassen, uns gut zu präsentieren.

Leiter Produktion
VB Mitteldeutschland

Herausgeber: DB Regio AG, Region Südost, Verkehrsbetrieb Mitteldeutschland, P.R-SOH-B

Seite 1 von 1 Stand: 08.12.2008

Südost

Kommt wie eine Anweisung daher, ist aber nur eine Information. Die Krawattennadel und das Aussehen der Wettbewerber scheinen sehr wichtig zu sein.

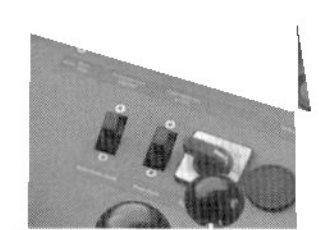

in Deutschland, den Niederlanden, Österreich und der Schweiz, die auf Radsatzwellenbrüche zurückzuführen waren.

Solche Sichtkontrollen und der »Papierkram«, nämlich die Nachweise, darunter einer über witterungsbedingte Bremswegverlängerung infolge verminderten Reibwerts, sollen die Mängel der eingekauften Fahrzeuge kompensieren. Zum Glück ist immer noch einer da, der beobachtet, prüft und nachweist.

Er an der Spitze des Zuges, so die sich aus der Richtlinie 408 ergebende wohl noch wichtigste Aufgabe während der Zugfahrt, beobachtet die zu befahrende Strecke, ihre Signale, Bahnübergänge und die Oberleitung. Er achtet auf Unregelmäßigkeiten, die den Zug gefährden könnten. Zu den »heiligsten Pflichten« des Lokomotivführers gehört es, Halt zeigende Signale zu beachten. Sie zu übersehen, kann zu fatalen Folgen bis zu schweren Zugunfällen führen.

Einfache Verhältnisse

Man darf nicht vergessen, dass es neben den Strecken mit hoch entwickelter Technik auch solche mit einfachen Betriebsverhältnissen gibt, deren Bahnhöfe ohne Ausfahrsignale oder ganz ohne Hauptsignale sind. Dort gilt das Betriebsverfahren des Zugleitbetriebs (ZLB) oder als Sonderform des Signalisierten Zugleitbetriebs. Ohne auf ihn im Detail einzugehen, sei festgestellt, dass der Zug von einem Zugleiter mit Hilfe von Meldungen über den Zugfunk oder den Fernsprecher und nach dem Fahrplan gelenkt wird. Die Sicherheit der Zugfahrt wird allein durch die Organisation geregelt und funktioniert nur, wenn sich alle Beteiligten an die Regeln halten. Verstöße gegen das Regelwerk, wie schlechte Fernsprechdisziplin oder unterlassene Meldungen, haben auch auf diesen Strecken zu schweren Unfällen geführt.

Wie schnell es zu einem Fehlgriff kommen kann, musste ein Lokomotivführer erfahren, der am 23. Juli 2010 mit dem berühmten »Glacier-Express« im Oberwallis unterwegs war und auf der Meterspurstrecke den Zug einige Meter zu früh beschleunigte, statt der erlaubten 35 km/h Geschwindigkeit 56 km/h fuhr. Zwischen Lax und Fiesch entgleiste der Zug mit drei Wagen. Die letzten beiden Panoramawagen kippten um, eine Japanerin wurde getötet, 40 Menschen verletzt.

Lokomotivführer der Matterhorn-Gotthard-Bahn (MGB) äußerten, sie stünden unter einem zu großen Zeitdruck, der Fahrplan sei zu dicht, es habe interne Anweisungen gegeben, sie sollten schneller als erlaubt fahren, um den Fahrplan einzuhalten. Für diese Vorwürfe fand die Unfalluntersuchungskommission keinen Anhalt, räumte dennoch ein, dass Einspurstrecken[10] mit langen Streckenabschnitten zwischen zwei Kreuzungsstellen generell verspätungsanfällig sind. Verspätungen und Störungen an Gegenzügen können schnell zu Folgeverspätungen führen und sind nur schwer wieder aufzufangen.

»Die durch die Unfalluntersuchungsstelle Bahnen und Schiffe am 12. und 13. Oktober 2010 bei Zug 906 gemessenen Fahrzeiten zeigen, dass der Fahrplan knapp bemessen ist, aber unter normalen Verhältnissen eingehalten werden kann. Einspurstrecken mit lan-

10 In Deutschland wird der Begriff eingleisige Strecken verwendet.

gen Distanzen zwischen den einzelnen Kreuzungspunkten führen bei nicht planmässiger Zugslage zwangsläufig zu Auswirkungen im Fahrplan. Das Lokpersonal ist bei Fahrten auf dem Netz der MGB stark gefordert. Um den Fahrplan einhalten zu können, sind sehr viele Geschwindigkeitsänderungen (10 km/h, 18 km/h, 21 km/h, 27 km/h usw.) zu beachten. Dazu kommen die Einfahrten in die Zahnstangenabschnitte.«

Der Lokomotivführer wurde zu einer Geldstrafe von 150 Tagessätzen à 100 Franken auf zwei Jahre Bewährung verurteilt worden. Neben der Geldstrafe hatte er eine Buße von 500 Franken zu bezahlen. [18]

ET 006 der Westfalenbahn vom Typ FLIRT in Bad Bentheim (2010). *Foto: Erich Preuß*

6. Statt Idealismus die Verantwortung

Glanz und Elend des Berufs

Wie entsteht die unterschiedliche Meinung, ob Lokomotivführer zu werden, zum erträumten Beruf führte oder doch die falsche Wahl war? Wie im 1. Kapitel beschrieben, liegen seit jeher – und das gilt wohl für jeden Beruf – Licht und Schatten beieinander. Stets finden sich Idealisten, die sich mit den Nachteilen abfinden oder sie gar nicht bemerken, stattdessen allein die geschätzten Vorzüge genießen, und andere, die nur die Plage der Berufstätigkeit empfinden. Beleuchten wir zuerst, was gegen die Entscheidung, Lokomotivführer zu werden, sprechen könnte.

Ist der Beruf gefährlich? Nicht mehr oder nicht weniger als andere Berufe. Die Verantwortung für die Sicherheit wurde durch technische Einrichtungen minimiert, sofern sie an der Strecke und am Fahrzeug vorhanden und auch funktionsfähig sind. Der erste Schritt zur Sicherheit des Zugverkehrs, als die Geschwindigkeiten nicht mehr im 30-km/h-Geschwindigkeitsbereich blieben, war die Umstellung vom Zeit- zum Raumabstand. Das bedeutete, in jedem von Haltsignalen begrenzten Blockabschnitt darf sich, von Ausnahmen abgesehen, immer nur ein Zug befinden.

Ein weiterer Schritt zur Sicherheit war der, wie im 5. Kapitel dargelegt, dass der Lokomotiv-

Radareinrichtung für ECTS am Versuchstriebwagen für die Strecke Jüterbog – Niedergörsdorf und die Pilotstrecke bis Halle (Saale). *Fotos: Siemens*

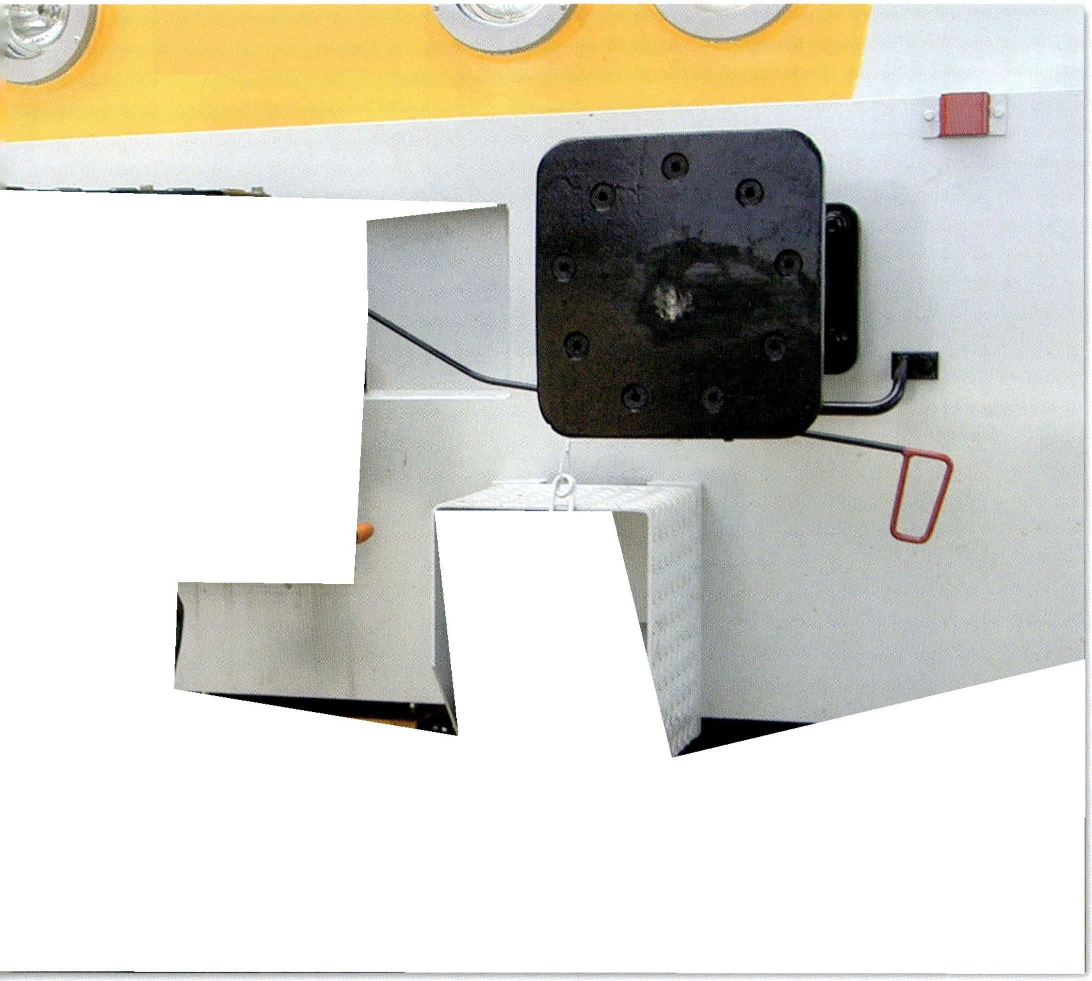

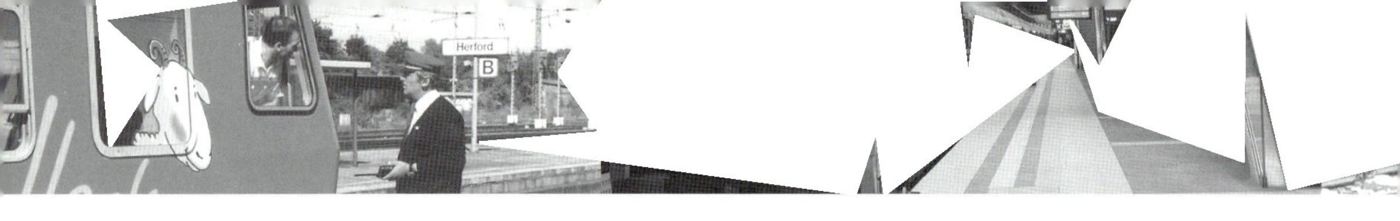

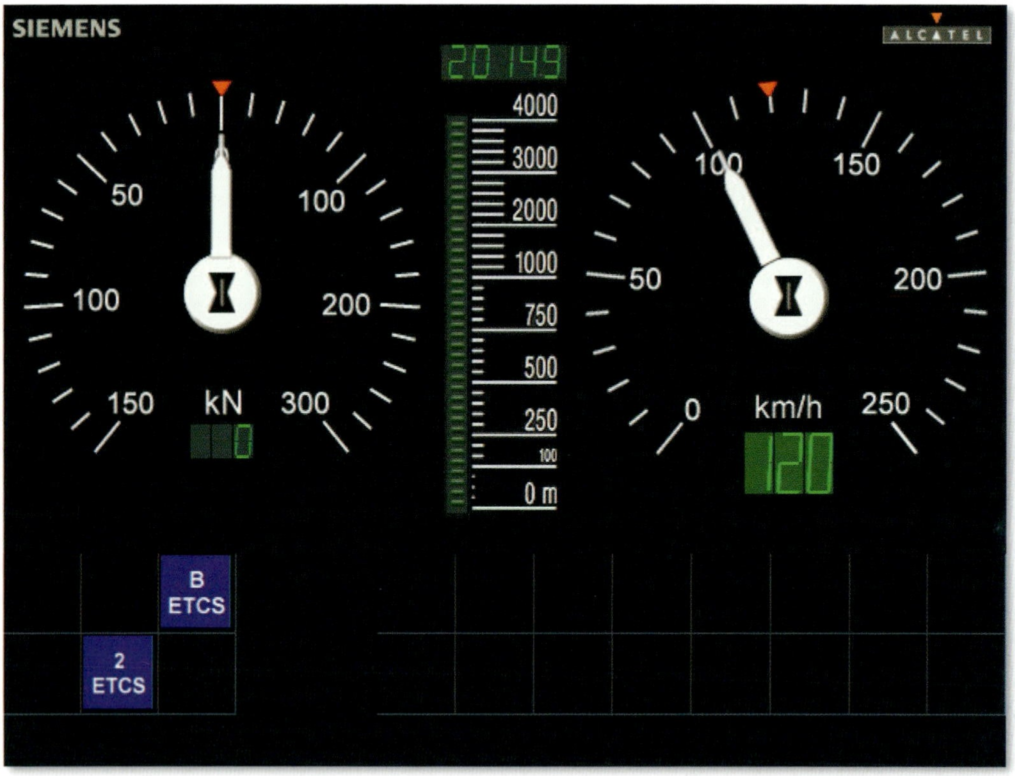

Führerraumanzeige (Soll in Grün und Ist mit dem Zeiger) des Versuchstriebwagen für die ECTS-Erprobung. Fotos: Siemens

führer nicht plötzlich ein Haltsignal sieht, sondern dass die Aufnahme des Halt zeigenden Signale angekündigt wird, wie durch Vor- oder Mehrabschnittsignale, und dessen Befolgung mit Hilfe technischer Einrichtungen sogar erzwungen wird. Das besorgen die Induktive Zugbeeinflussung und die Linienzugbeeinflussung, künftig auch European Train Control System (ETCS). ETCS soll zum einheitlichen Zugbeeinflussungssystem der europäischen Bahnen werden. Die Deutsche Bahn hält sich zurück, weil die Linienzugbeeinflussung ebenbürtig ist und ihr mit dem ETCS neue Kosten entstehen. Die Firma Siemens rüstete zuerst die Strecke Jüterbog – Bitterfeld damit aus, auf der seit 7. Juli 2003 Versuchsfahrten stattfanden.

Bedingung ist allerdings, dass die Strecken und die Fahrzeuge mit diesen Einrichtungen ausgestattet sind. Sonst hilft nur die Aufmerksamkeit des Lokomotivführers, genauer: aller Lokomotivführer. Wie im Falle Hordorf am 29. Januar 2011 geschehen, schützte den Triebwagenführer des Harz-Elbe-Express 80876 das genaue Beachten der Signalbilder nicht vor der Lebensgefahr, weil auf dem zweigleisigen Abschnitt Groß Quenstedt – Hordorf der Lokomotivführer des Güterzuges 69192 das

Vorsignal in der Warnstellung und das Haltsignal der Überleitstelle nicht befolgte. Er sollte anhalten, bis der Nahverkehrstriebwagen den eingleisigen Abschnitt Oschersleben – Hordorf verlassen hatte. Vor dem Zusammenstoß hatte der Triebwagenführer seinen Zug noch von 98 km/h auf 66 km/h Geschwindigkeit abgebremst. Zur Geschwindigkeit des Güterzuges gab es bis zum Manuskriptschluss keine Angaben. [14] Der Triebwagenführer und die Zugbegleiterin wurden getötet, von den etwa 50 Reisenden 8 getötet, 18 schwer und 25 leicht verletzt.
Übrigens ist der Streckenabschnitt unmittelbar nach dem Unfall mit der Punktförmigen Zugbeeinflussung nachgerüstet worden. Die Deutsche Bahn kündigte 2011 an, sie werde in ihrem Netz weitere Strecken mit der Punktförmigen Zugbeeinflussung ausstatten, auch wenn sie dazu gesetzlich nicht verpflichtet sei. Sie meinte damit jene Strecken, für die nur Geschwindigkeiten bis zu 100 km/h zugelassen sind. Genauso gut hätte der Gesetzgeber längst die Eisenbahn-Bau- und Betriebsordnung ändern können.
Vor dem Unfall ist kein Lokomotivführer gefeit, mag auch die Eisenbahn als das sicherste Landverkehrsmittel gelten. So wenig es dienlich ist, ständig mit der Angst unterwegs zu sein, ist es nützlich, sich auf derartige Vorfälle einzustellen und Abläufe, wie sie sich im Führerraum abspielen, zu kennen. Dafür ein Beispiel: Am 15. März 2010 entgleiste in Stuttgart-Untertürkheim der einfahrende, in Doppeltraktion verkehrende Güterzug CFN 63051 von Karlsruhe-Rheinbrücke Raffinerien nach Stuttgart Hafen. Die erste Lokomotive stürzte um. Die Ursache war eine sogenannte Steilrampe im Gleis infolge unsachgemäßer Instandsetzung. Der Lokomotivführer wurde leicht verletzt. Er gab einem Gruppenleiter von DB-Schenker Rail zu Protokoll: »Die Einfahrt in den Bahnhof Stuttgart-Untertürkheim wurde mit Hp 2[1] signalisiert. Ich regulierte die Geschwindigkeit mittels einer mäßigen Betriebsbremsung auf die gebotene Geschwindigkeit. Im Weichenbereich gab es plötzlich eine Zerrung. Ich hatte das Gefühl, dass ich mit dem hinteren Teil der Lok entgleiste. Die Lok kam nach etwa 50 bis 70 Meter zum Stillstand. Kurz vor dem Stillstand spürte ich nochmals einen Ruck. Dabei kippte die Lok nach rechts um. Die Stromversorgung wurde unterbrochen, es war dunkel. Ich konnte mich selbst aus der Lok befreien, wobei ich wegen möglicher herunterhängender Oberleitung sehr vorsichtig vorgegangen bin. Nachdem ich an der Stirnseite der Lok absteigen konnte, begab ich mich in Sicherheit auf die parallel geführte Straße. Als ich dort ankam, trafen auch schon die ersten Rettungskräfte ein. Ich gab mich einer Landespolizistin als Lokführer des verunfallten Zuges zu erkennen. Sie nahm meine persönlichen Daten auf. Dem Einsatzleiter der eintreffenden Feuerwehr teilte ich das Ladegut mit. Wegen Erdung der Oberleitung bat ich ihn, mit dem Fahrdienstleiter Kontakt aufzunehmen. Nach notärztlicher Behandlung machte ich gegenüber dem DB-Schenker-Notdienst noch Angaben zum Unfallhergang. Danach veranlasste er meine Heimfahrt mit dem Taxi.« [27]

Risiko Bahnübergang

Ein anderes Risiko sind die niveaugleichen Bahnübergänge, mögen sie nun technisch gesichert sein durch Schranken, Halbschranken

1 *»Langsamfahrt«*

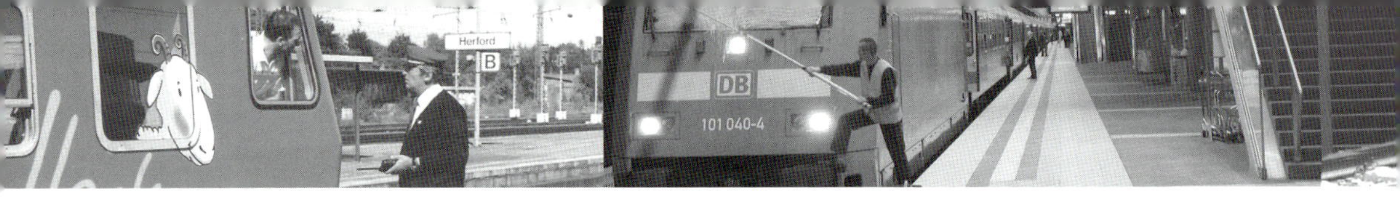
Herford
B
DB
101 040-4

oder Haltlichtanlagen, oder allein durch Baken und Andreaskreuz auf die Gefahrenstelle zwischen Straße und Gleis hinweisen. Immer wieder versuchen Kraftfahrer, der Eisenbahn die Vorfahrt streitig zu machen. Die Züge erhalten infolge ihrer viel längeren Bremswege, und weil sie schienengebunden sind, stets Vorfahrt vor den Straßenfahrzeugen.

Allerdings gibt es Kraftfahrer, die den Bahnübergang völlig missachten, durch laute Musik auf die Achtungssignale des Lokomotivführers nicht reagieren, sogar geschlossene Halbschranken umfahren, auch wenn vor ihnen bereits einige Fahrzeuge warten. Auch wenden Lkw auf Bahnübergängen oder bleiben auf ihnen hängen, weil die Krümmung der Straße ihr Befahren des Übergangs nicht erlaubt.

In den derartigen Fällen kann der Lokomotivführer, sofern seine Sicht auf das Hindernis im Gleis so weit reicht, den Zusammenprall abwenden. Auch zieht in den meisten Fällen der Kraftfahrer den Kürzeren, weil die Energie des Zuges ausreicht, das Fahrzeug zu demolieren, ohne dass der Führerraum erheblichen Schaden nimmt.

Allerdings kommt es auch zu Ereignissen mit tragischen Folgen für das Zugpersonal und die Reisenden. Auch dafür ein Beispiel von vielen, von einem Bahnübergang zwischen (Bielefeld –) Brackwede und Halle (Westf), zu dem das Foto eigentlich alles sagt. Die »Frankfurter Rundschau« meldete dazu: »Ein mit 55 Schulkindern besetzter Personenzug ist am Donnerstag [7. November 2002 – E. P.] in Halle (Westfalen) auf einem Bahnübergang mit einem Schwertransporter zusammenge-

Abb. links: Der Betonträger auf dem Lkw als absolutes Hindernis. Foto: Bundespolizei

stoßen. Der Lokführer des ‚Haller Willem' sei dabei schwer verletzt worden, sagte ein Polizeisprecher. Er wurde nach einer mehrstündigen Bergungsaktion aus dem Führerhaus befreit und ins Krankenhaus gebracht. Vier Schulkinder wurden leicht verletzt. Die restlichen 51 Kinder standen unter Schock und wurden psychologisch betreut. Der 25 Meter lange Schwertransporter war mit zwei jeweils 35 Tonnen schweren Betonträgern beladen. Wegen seiner Länge und des Gewichts habe der Transporter sehr lange gebraucht, um den Bahnübergang zu überqueren. Der Lokführer habe mehrfach gehupt.«

Das Achtungssignal, wie es fachlich heißt, nützte nichts. Zum Glück ging die Sache einigermaßen glimpflich ab. Glimpflich auch für den Lokomotivführer. Gewöhnlich wird an ihn nicht mehr gedacht, andere Ereignisse finden Platz auf der Seite »Vermischtes«, aber die »Neue Westfälische Zeitung« gönnte dem Schicksal am 5. November 2003 doch eine Zeitungsseite.

Anja Sparbrod schrieb: »Die Bilder der zertrümmerten Lok, in der Jürgen G.[2] eingeklemmt war, sind allen noch gut vor Augen. Erst eine Notoperation, bei der dem 42-jährigen Familienvater ein Teil des linken Fußes amputiert wurde, konnte ihn befreien. Lange kämpften die Ärzte im Krankenhaus um sein Leben. ‚Seit Ende April bin ich wieder zu Hause', erzählt Jürgen G., immer noch an Krücken. Seit dem Unfall leidet er an Schlafstörungen. ‚Fehlende Tiefschlafphase', lautete die Diagnose im Schlaflabor. Den Lokführer quälen Albträume. Er soll das Geschehene mit einem Psychologen aufarbeiten. Weitere Operationen stehen Jürgen G. bevor. Die Wunde am Bauch – bei dem Unfall wurde sein Darm zerfetzt – ist noch nicht richtig verheilt, die Stellung des linken Fußes muss vermutlich korrigiert werden, damit Jürgen G. eine richtige Prothese tragen kann. Zur Zeit trägt er ein Provisorium. ‚An die Blicke von den Leuten kann ich mich nicht gewöhnen', sagt er.

Ob er jemals wieder im Führerhaus einer Lok sitzen kann, ist ungewiss. ‚Diese Entscheidung trifft der bahnärztliche Fachdienst', sagt Jürgen Völker. Für eine Reportage ist Jürgen G. kürzlich noch einmal ins Führerhaus einer Lok gestiegen. ‚Da kam ich mir schon ziemlich komisch vor – wie ein Fahrgast', sagt er. Er freut sich, dass seine Kollegen ihn nicht vergessen haben. Nach dem Unfall hatten sie spontan für seine Familie gesammelt. Als es kürzlich von der Bahn eine Sonderzahlung wegen des geringen Krankenstandes in Bielefeld gab, schickten sie auch davon einen großen Teil an G.

Während der Lokführer an der Wiederherstellung seiner Gesundheit arbeitet, wird gleichzeitig versucht zu klären, wie es zu dem Unfall kam. Die Bielefelder Staatsanwaltschaft ermittelt wegen fahrlässiger Körperverletzung gegen den 25-jährigen Fahrer der Paderborner Universal Transporte. Sein Schwertransporter mit Stahlbetonträgern stand quer auf dem Bahnübergang in Halle-Hesseln, als der Haller Willem[3] mit 55 Schulkindern aus Richtung Borgholzhausen angefahren kam. Trotz Notbremsung war der Zusammenprall nicht mehr zu vermeiden. Wie durch ein Wunder blieben die Schüler unverletzt.

2 *Im Zeitungsbeitrag ist der Familienname genannt.*

3 *Bezeichnung der Regionalbahn-Züge auf dieser Strecke.*

Sekunden entscheiden

Normalerweise hätte der Schwerlasttransporter durch die Polizei begleitet werden müssen. Doch der Fahrer sagte bei der Vernehmung, dass die Polizei in Halle ihm am Abend zuvor gesagt habe, die letzten Meter am nächsten Morgen könne er alleine fahren. Der Einsatzleiter will sich dazu nicht äußern und lässt sich nun durch einen Anwalt vertreten. Die Staatsanwaltschaft schweigt ebenfalls. Derzeit liegt die dicke Unfallakte beim zuständigen Amtsgericht in Halle. Es wird geprüft, ob das Verfahren gegen den Lkw-Fahrer gegen Zahlung einer Geldbuße eingestellt werden kann. Auch G. hat sich einen Anwalt genommen. Jürgen Neumann-Domnick macht für seinen Mandanten Schmerzensgeld und Verdienstausfallschaden geltend. [...]
Auch Dagmar Liefeing, Anwältin der Universal Transporte, beschäftigt sich intensiv mit dem Unfall vom 7. November 2002. ‚Wir recherchieren in alle Bereiche', sagt sie, ‚wo liegen die Fehler, wer hat was genehmigt?' Das Unternehmen Universal prangert vor allem die mangelhafte Sicherung dies Bahnüberganges an, an dem lediglich ein Andreaskreuz steht.«
Nachzutragen ist, dass der Triebwagenführer G. auf die Zahlung von Schmerzensgeld klagte, und die Zivilkammer des Landgerichts Bielefeld ihm am 22. November 2005 Recht gab. Doch die Versicherung lehnte die Bezahlung ab mit der Begründung, mehrere Beteiligte seien schuld an dem Unfall. Drei Jahre nach dem Unfall lag die Berufung beim Oberlandesgericht in Hamm, das erst ein Gutachten bestellte, aber am 23. Oktober 2006 entschied, dass dem Lokomotivführer das Schmerzensgeld in Höhe von 75.000 Euro zuzüglich Zinsen ohne Abzug zustehe. Ähnlich kann es einem Lokomotivführer ergehen, der auf mehrgleisiger Strecke in die Trümmer fährt, die durch einen Unfall im Gegengleis entstanden. Der Lokomotivführer eines vom Unfall betroffenen Zuges ist zwar verpflichtet, über Zugfunk das Notsignal abzusetzen, durch das andere Züge in dessen Umgebung gewarnt werden. Doch es muss genügend Zeit sein, dass andere Züge anhalten können. Sekunden entscheiden über Leben und Tod.
Zur passiven Sicherheit des Führerraums kann die entsprechende Konstruktion des Fahrzeugs beitragen, bei der infolge Verformung zumindest ein Teil der Energie aufgezehrt wird. Nach 1994 glaubten einige Fachleute und sogenannte Fachjournalisten durch die sogenannte Bahnreform sei man von den »Fesseln der Bürokratie« frei und könne sich jetzt ungeniert dem Leichtbau zuwenden. Leichtbau bedeutet aber auch weniger Schutz für den Führerraum und die sich darin aufhaltenden Menschen. Dass sich jeder regelkonform verhält und allein deshalb Maßnahmen zum Schutz von Fahrzeuginsassen überflüssig seien, davon kann man sicherlich nicht ausgehen. Mit gewissem Argwohn kann man auch den Einsatz von Straßen- oder Stadtbahnfahrzeugen im Mischverkehr mit anderen Regelfahrzeugen der Eisenbahn betrachten.
Das Risiko, die Unversehrtheit oder gar das Leben zu verlieren, besteht auch bei falschem Verhalten während des Rangierens (sich im Bremsweg zu verschätzen, Aufträge falsch verstanden zu haben) und im Zugbetrieb (die Vorschriften insbesondere zur Geschwindigkeit bei Sperrfahrten, aufgehobener Signalabhängigkeit, von Langsamfahrstellen nicht verstanden zu haben oder bewusst zu verletzen).

Bombardier stellte auf der Innotrans den verformten Führerraum eines Leichttriebwagens aus (2004).
Foto: Emersleben

g Borders

Zwei britische Fachautoren verstiegen sich sogar zu der These, der Triebfahrzeugführer habe den größten Einfluss auf die Bahnsicherheit. »Die größte Variable bei der Schaffung eines sicheren Bahnsystems ist das Triebfahrzeugführer-Personal. Auch die Automatisierung des Fahrbetriebs bringt keine generelle Lösung des Problems, da auch bei diesen Systemen die Gefahr menschlicher Fehler besteht. Da Triebfahrzeugführer diejenigen sind, deren Handlungen den größten direkten Einfluss auf die Sicherheit haben, müssen für Triebfahrzeugführer optimale Arbeitsbedingungen[4] (fehlertolerante Handlungen, Unterstützungseinrichtungen, Rückfallebenen etc.) geschaffen werden.« [15]

Gefährlicher ist das Auto

Muss deswegen die Angst auf der Lokomotive mitfahren? Zur Beruhigung: »Im letzten Jahrzehnt forderten, bei rund zehn Milliarden beförderter Fahrgäste, die drei klassischen Unfallursachen, die Entgleisung, der Zusammenstoß und das Auffahren auf den Prellbock, (nur) 81 Todesopfer. In seinem Auto lebt der Lokomotivführer entschieden gefährlicher.« [16]

Zum Risiko für Leben und Gesundheit gehören auch das notwendige Bewegen und der Aufenthalt in den Gleisanlagen einschließlich der Wege von und zum Dienst. Seit einigen Jahren ist dafür das Tragen der auffälligen Schutzweste vorgeschrieben, die nur passiv schützt, indem sie bei anderen Lokomotivfüh-

4 *Gemeint sind sicherlich nicht optimale, sondern bestmögliche Arbeitsbedingungen.*

Er sorgt im Tiefbahnhof des Berliner Hauptbahnhofs für gute Sicht (2007) *Foto: Emersleben*

rern die Aufmerksamkeit erregt. Besondere Aufmerksamkeit auf nahende Wagen, Rangierfahrten und Züge ist erforderlich, man sollte möglichst nicht im Gespräch oder grübelnd in Gedanken die Gleise überschreiten oder gar in ihnen stehen bleiben.

Kam es in der frühen Zeit des Dampflokomotivbetriebes vermehrt zum Kesselzerknall infolge falscher Bedienung des Dampfkessels, bis man ausreichend Erfahrung mit dessen Werkstoffen und mit der Bedienung gesammelt hatte, so scheinen die elektrischen Lokomotiven, aber auch die Dieseltriebfahrzeuge, diese besonders infolge mangelhafter Instandhaltung, nicht vor Bränden gefeit zu sein. Die Deutsche Bahn beschreibt scheinbar lückenlos, was zu tun ist. Hoffentlich sind die Handlungsanweisungen dem Lokomotivführer in Fleisch und Blut übergegangen. Wenn er bei Brandbeginn erst die Richtlinie 492 und noch die Richtlinie 408 sucht und die sich durchlesen muss, kann es für wirkungsvolle Maßnahmen zu spät werden.

Der Abschnitt 5 »Maßnahmen bei Bränden:

(1) Beachten Sie zu den folgenden Regeln auch die KoRil 408.0554 (Feuer im Zug).[5]

(2) Wenn während der Fahrt ein Fahrzeug in Brand gerät, müssen Sie den Zug so schnell wie möglich zum Halten bringen. Dabei sollten Sie nicht in Tunneln, auf Brücken, an steilen Böschungen oder an anderen

Kommt doch immer mal vor, dass eine elektrische Lokomotive brennt, wie in Přerov (Prerau).

5 *Aus der gehen analoge Verhaltensregeln hervor, auch, dass die Klimaanlage im ganzen Zug abzuschalten ist und wie der Zugführer die Flucht der Fahrgäste anordnet.*

Přerov

Stellen anhalten, wo die Hilfe z. B durch die Feuerwehr erschwert wird.

(3) Führen Sie als erste Handlungen aus:
- ggf. Nothaltauftrag geben,
- Hilfe mit Notruf anfordern,
- Hauptschalter oder Dieselmotor ausschalten,
- Stromabnehmer senken,
- Klimaanlage bei Brand im Zug ausschalten,
- Batteriehauptschalter ausschalten, wenn die 110-Volt-Stromversorgungsanlage die Brandursache sein könnte.

(4) Der Einsatz der Feuerlöscher beschränkt sich auf Löschversuche im unmittelbaren Arbeitsbereich (z. B. Führerraum, Laufwerk, Fahrgastbereich) und dient der Brandbekämpfung in der Entstehungsphase.

Beachten Sie dabei, dass
- die auf den Handfeuerlöschern angegebenen Warnhinweise und die Mindestlöschabstände eingehalten werden,
- die eigene Sicherheit und die Sicherheit der Fahrgäste Vorrang hat (Menschenschutz geht vor Sachschutz),
- Sie rauchbelastete Räume oder Raumteile wegen Lebensgefahr verlassen oder nicht betreten,
- Türen und Fenster geschlossen zu halten sind,
- beim Öffnen von Türen die Bildung einer Stichflamme möglich ist.

(5) Bleibt Ihr Löschversuch bei nicht mit Zugbegleitern besetzten Reisezügen erfolglos, handeln Sie wie folgt:
- Fdl über die erforderliche Räumung des Zuges informieren,
- Fluchtrichtung und Sammelplatz (geeigneten Ort zur Rettung der Reisenden) festlegen,
- Fahrgäste über die Räumung unterrichten,
- Zug gegen unbeabsichtigtes Bewegen festlegen,
- Räumung des Zuges unterstützen,
- Fdl über den Verlauf der Räumung verständigen.

(6) Soweit möglich halten Sie sich am Ereignisort als Ansprechpartner z. B. für Rettungsdienste zur Verfügung.«

Der Tod im Gleis

Ein besonders ärgerliches Thema sind die Selbsttötungen, bei der Deutschen Bahn als Personenunfälle umschrieben, zu denen allerdings auch Arbeitsunfälle bei Gleisbauarbeiten beispielsweise gehören. Derartige Vorfälle sollen nicht publik werden, weil Veröffentlichungen zu Nachahmern bei den Selbstmördern führen. Rüdiger Grube sprach im August 2010 von jährlich 1200 derartigen Vorkommnissen[6], die wegen der Ermittlungen durch Kriminalpolizei und Staatsanwaltschaft den Zugverkehr behindern und ihren Anteil an den Zugverspätungen haben.

Für den Lokomotivführer ist dieses »Erlebnis« mit einem Selbstmörder fatal, viele bekommen einen Knacks bis zur dauernden Arbeitsunfähigkeit. Nur wenige stecken das Geschehene weg, die nicht mehr darüber reden. Die meisten fürchten sich davor und wissen nicht, wie sie mit dem »Knall« an ihrem Triebfahrzeug umgehen sollen. Sie grübeln: Warum hat er sich gerade meinen Zug ausgesucht? Bin ich plötzlich zum Mörder geworden?

Der Tod im Gleis ist ein sicherer Tod. Lebensmüde möchten kein Risiko eingehen, sie klei-

---

6 *Das Eisenbahn-Bundesamt nennt niedrigere Zahlen: 2008 über 700, 2009 fast 900.*

den sich schwarz, um nicht gesehen zu werden, sie stellen sich aufrecht ins Gleis. Und es gibt berüchtigte Stellen, oft in der Nähe psychiatrischer Kliniken. Statistisch ist jeder Lokomotivführer einmal in seinem Berufsleben von diesem Schrecken betroffen. Ein Lokomotivführer in Süddeutschland wurde in seinen 38 Dienstjahren mit mehr als einem Dutzend Selbstmördern konfrontiert.

Was kann ein Lokomotivführer gegen den Tod im Gleis tun? Nichts. Sieht er einen Menschen im Gleis, bleiben bis zum Anhalten des Zuges bei 500 Tonnen Last, selbst wenn er instinktiv die Schnellbremsung bedient, 500 Meter und mehr. Danach müsste er aussteigen, zum Unfallort zurückgehen und Erste Hilfe leisten oder versuchen. Dann hätte er über den Zugfunk die Meldung abzusetzen, währenddessen der Zugführer den Reisenden erklärt: »Meine Damen und Herren, wir werden uns leider verspäten. Wir haben einen Personenschaden im Gleis.«

War es vor Jahren noch unzweifelhaft, dass der geschockte Lokomotivführer weiterfuhr, um den Fahrplan einzuhalten, besteht die Deutsche Bahn nicht mehr darauf. Die Ablösung durch einen Kollegen wurde selbstverständlich.

»Sie lernen bereits in der Ausbildung, sich darauf einzustellen, dass sie die Schienen nicht verlassen können, wenn ein Objekt vor ihnen auftaucht«, behauptete die Deutsche Bahn in einer Pressemitteilung. Das Risikotraining gehört zur Ausbildung wie das Verhalten angesichts eines bevorstehenden Zusammenstoßes oder Zusammenpralls geübt wird (Hinwerfen im Führerraum, Flüchten in den Maschinen- oder Fahrgastraum, Abspringen?), war bei den Zeugenaussagen vor Gericht von Lokomotivführern zu erfahren. Manche allerdings erhielten bei ihrer Aus- und Weiterbildung keine derartige Anleitung. Letztlich bleibt alles Theorie; das Training kann allenfalls die Reaktionszeit verkürzen.

Der Schock nach einem solchen Ereignis sitzt tief. Bei dem einen zeigt er sich durch tiefe Apathie oder lähmende Passivität, den anderen überkommen wechselnde Gefühle von Depression und Angst, Aggressivität und Wut. Dann folgen Symptome einer chronischen Belastung, die Angstkrankheit mit Schlafstörungen, Übererregbarkeit, körperlicher Erschöpfung und zwanghaftem Wiedererinnern. Ein 55-Jähriger erhielt nach der Selbsttötung einer geistesgestörten Frau vom Witwer 9000 Euro Schmerzensgeld, die der Lokomotivführer auch gefordert hatte. Ihm gelang es nach Monaten nicht, in die Normalität zurückzukehren. Um die Nachsorge war es immer schlecht bestellt. Der Arbeitgeber schenkte dem Problem wenig Aufmerksamkeit, obwohl zwei Eisenbahnergewerkschaften ständig die Intensivierung der Vorsorge, die Betreuung am Unfallort und die Nachsorge forderten. Das galt auch für Tötungen durch Unfall. Nach 1994 soll es damit besser geworden sein, mit Freistellung, mit einem Vertrauensmann, mit dem Sich-Aussprechen beim Psychologen. Auch bildete die Deutsche Bahn mit Freiwilligen unter ihren Mitarbeitern eine Organisation, die sich CareNet nennt, was immer diese Bezeichnung bedeuten mag. In einem zwei Tage dauernden Seminar werden sie ausgebildet, wie man von Eisenbahnunfällen und Selbsttötungen Betroffene anspricht und sie beruhigt. Manche mögen das nicht, sie wollen in Ruhe gelassen zu werden, manche müssen invalidisiert werden oder wechseln in

eine andere Eisenbahnertätigkeit - das Ende ihres Traumberufs.

In Bad Malente-Gremsmühlen hat sich eine Klinik auf die Traumatherapie spezialisiert, die größte Gruppe der Patienten sind Lokomotivführer. Auch das Psychologische Institut der Freiburger Universität befasste sich mit den posttraumatischen Störungen von Lokomotivführern in Baden und befragte sie. Ein Drittel kam mit der psychischen Bewältigung gut zurecht, der Rest kaum oder überhaupt nicht. Ein Freiburger Bahnarzt behauptete: »Je länger man die Lokomotivführer krankschreibt, desto schwerer fällt der Wiedereinstieg. Am besten wäre es, er bliebe im Dienst.« Ein Schweizer Lokomotivführer verarbeitete das Erlebnis, indem er viel darüber redete. Als er wieder fuhr, sagte er sich dauernd: Du fährst gut! Jedes Mal, wenn sich »das Bild« vor seine Augen schob, konzentrierte er sich auf den Sonnenuntergang, den er sich vor dem Anprall eingeprägt hatte. Dieses schöne Bild wollte er sehen und nicht das andere.

Die Erlebnisse nach derart schrecklichen Vorfällen sind es nicht allein, die krank machen. Nach der Statistik der Techniker-Krankenkasse von 2010 sind Lokomotivführer am häufigsten krank. Im Durchschnitt kam jeder auf 25 Fehltage, Fahrdienstleiter und Schaffner auf 21,7 Tage. Der hohe Krankenstand der Lokomotivführer soll mit Zeitdruck sowie schweren Unfällen mit Verletzten oder gar Toten zusammenhängen.

Zu nachtschlafender Zeit

Die Gewerkschaft Deutscher Lokomotivführer machte seit jeher auf die besondere Belastung ihrer Mitglieder aufmerksam. Das Hauptproblem bestehe in dem Konflikt zwischen dem natürlichen Tagesrhythmus und dem unregelmäßigen Wechseldienst, der sich nicht allein aus dem Arbeitszeitregime erklären lässt. Diesen Antagonismus bezeichnen auch gestandene Lokomotivführer als Grund, warum insbesondere junge Leute davon absehen, sich als »Eisenbahner im Betrieb, Fachrichtung Lokomotivführer/Transport« zu bewerben. »Der Dienstbeginn 2.30 Uhr oder 3.30 Uhr, noch früher die Abfahrt zum Werk schrecken die jungen Leute ab. Dann zwölf Wochen nur Frühschichten, gefällt auch nicht jedem«, erklärte einer, der jahrelang für den Berufsverkehr zu unzivilen Zeiten aufstehen musste. Sein zusätzliches Urteil oder Vorurteil: »Junge Leute können nicht pünktlich sein!«

Dienstpläne, so die Gewerkschaft, können prinzipiell nicht nur danach eingeschätzt und gestaltet werden, wann und wie lange ein Lokomotivführer arbeiten muss, sondern auch danach, wie lange und unter welchen Umständen er schlafen kann und muss. Die Klagen über unfreundliche Dienstpläne halten seit Jahrzehnten an, aber sie müssen sich auch nach dem Bedarf richten. Die Masse der »Kunden«, also der Reisenden fährt nun einmal zwischen 6 Uhr und 9 Uhr zur Arbeit, nicht weg von den Ballungszentren, sonder zu ihnen hin. Deswegen müssen die Züge zu nachtschlafender Zeit zu den Abfahrtsbahnhöfen dieser Pendler gelangen. Andererseits bleibt der stete Vorwurf, die Dienstpläne werden am grünen Tisch erarbeitet, wie es der Verwaltung am besten passt. Manche sehen in dem Opfer, das sie wegen des anormalen Wechsels von Arbeit und Erholung für die Familie und die Freizeit bringen müssen, ei-

Nicht angenehm im Winter und zu den unmöglichen Zeiten des Aufstehens. In Pritzwalk (2008).
Foto: Emersleben

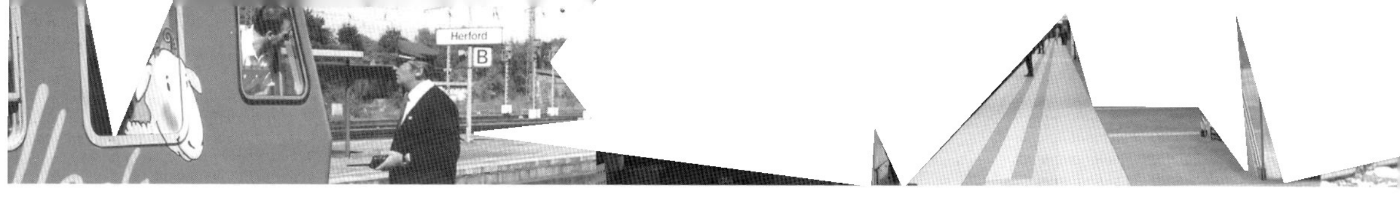

Was alles zu tun ist

Der Triebfahrzeugführer muss am Triebfahrzeug die Vorbereitungs- und Abschlussarbeiten durchführen und hierbei insbesonderea) die Eintragungen in den fahrzeugbezogenen Unterlagen, beispielsweise Übergabebuch, überprüfen und durchführen können;

b) überprüfen können, ob auf dem Triebfahrzeug die für die zu erbringende Leistung erforderlichen Unterlagen und Ausrüstungsgegenstände vorhanden sind;

c) die Funktionsfähigkeit
   aa) des Fahrzeuges,
   bb) der Bremseinrichtungen sowie
   cc) der Sicherheitseinrichtungen und Zugbeeinflussungssysteme
   überprüfen können;

d) festgestellte Mängel und Schäden erkennen und an die zuständige Stelle melden können und

e) die eventuell vorgesehenen laufenden Wartungsarbeiten vornehmen können.

2. Kenntnis der Fahrzeuge

Um ein Triebfahrzeug führen und gegebenenfalls Unregelmäßigkeiten erkennen, orten und die gebotenen Maßnahmen ergreifen zu können, muss der Triebfahrzeugführer insbesondere Folgendes kennen:

a) den mechanischen Aufbau mit Laufwerk, Zug- und Stoßeinrichtungen, den verschiedenen Leitungssystemen sowie die Bedeutung der an und in den Fahrzeugen angebrachten Kennzeichnungen und der für die Beförderung gefährlicher Güter benutzten Symbole;

b) das Antriebssystem bestehend aus
   aa) Energieversorgung mit Kraftstoffbehälter, Kraftstoffversorgung, Abgassysteme sowie Stromabnehmer und Hochspannungssysteme sowie
   bb) Kraftübertragung, Motoren und Getriebe;

c) die einzelnen Bremssysteme;

d) die Sicherheitseinrichtungen, wie Sicherheitsfahrschaltung und Fahrtverlaufsaufzeichnungen;

e) die Zugbeeinflussungssysteme und

f) die Kommunikationseinrichtungen, wie Zugfunk, Rangierfunk und leitungsgebundene Fahrzeugeinrichtung.

3. Bremsberechnung und Bremsprobe

Der Triebfahrzeugführer muss

a) vor Fahrtantritt überprüfen und berechnen können, ob der Zug die für die Strecke vorgeschriebene Bremsleistung erreicht, und

b) die Funktionsfähigkeit der verschiedenen Komponenten des Bremssystems des Triebfahrzeuges und des Zuges vor und während der Fahrt überprüfen können.

4. Führen des Zuges ohne Schädigung von Anlagen und Fahrzeugen

Der Triebfahrzeugführer muss

a) alle zur Verfügung stehenden Fahrzeugsysteme regelkonform bedienen können;

b) den Zug unter Berücksichtigung der jeweiligen Reibungs- und Leistungsgrenzen anfahren können;

c) die zulässigen Geschwindigkeiten des Zuges einhalten und

d) die Bremseinrichtungen ohne Schädigung von Fahrzeugen und Anlagen einsetzen können.

5. Unregelmäßigkeiten, Störungen und Unfälle

Der Triebfahrzeugführer muss die Fähigkeit besitzen,

a) Unregelmäßigkeiten und Störungen an Fahrzeugen zu erkennen, auf sie zu reagieren und ihre Behebung zu versuchen, wobei in allen Fällen die Sicherheit des Eisenbahnverkehrs und der Personen Vorrang haben muss;

b) den Eisenbahninfrastrukturunternehmer schnellstmöglich über den Ort und die Art der Störungen zu informieren;

c) Maßnahmen zur Sicherung des Zuges zu ergreifen und gegebenenfalls Hilfe anzufordern;

d) im Falle eines Fahrzeugbrandes unverzüglich alle nützlichen Informationen weiterzuleiten, auch wenn er den Brand selbst unter Kontrolle bringen kann;

e) zu beurteilen, ob und unter welchen Bedingungen das Fahrzeug weiterfahren kann;

f) festzustellen, ob der Zug gefährliche Güter befördert, und diese auf der Grundlage der Unterlagen zu bestimmen und

g) die Verfahren zur Evakuierung eines Zuges im Notfall anzuwenden.

6. Bedingungen für die Weiterfahrt nach einer technischen Unregelmäßigkeit an Fahrzeugen

Nach einer technischen Unregelmäßigkeit an einem Fahrzeug muss der Triebfahrzeugführer beurteilen können, ob und unter welchen Bedingungen die Fahrt fortgesetzt werden kann, und den Eisenbahninfrastrukturunternehmer unverzüglich über diese Bedingungen unterrichten.

Der Triebfahrzeugführer muss beurteilen können, ob vor der Weiterfahrt des Zuges eine Untersuchung durch eine hierfür berechtigte Fachkraft notwendig ist.

7. Stillstand des Zuges

Der Triebfahrzeugführer muss beim Abstellen von Zügen oder Zugteilen die erforderlichen Maßnahmen treffen können, damit diese sich nicht unbeabsichtigt in Bewegung setzen.

Entnommen: [5]

nen »wahnsinnigen Eingriff der Bahn in das Persönliche«.

Nach dem Arbeitszeitgesetz beträgt die Regelarbeitszeit höchstens acht Stunden, ausnahmsweise bis zu zehn Stunden. Die jüngsten Tarifverträge sehen bei sechs Stunden »schutzwürdiger Arbeitszeit« 30 Minuten Pause vor, bei mehr als neun Stunden 45 Minuten Pause unabhängig von der Gesamtdienstzeit. Dass die Praxis anders aussehen kann, erfahren die Disponenten und Lokomotivführer bei der Leistungsvergabe, wenn sie einmal den Dienst- und Pausenplan kritisiert haben (»Wir könne Euch den ‚Sprinter' auch wegnehmen!«) oder der nicht gerade alltägliche Vorfall am 25. März 2001: Der ICE »Heinrich Mommsen« kam um 11.25 Uhr auf dem Flughafenbahnhof von Frankfurt am Main an, fuhr ab und blieb nach nur einer Minute und fünf Sekunden stehen, im Tunnel. Triebfahrzeugführer Thilo B. verließ den Triebkopf und ging zum Speisewagen, um dort Kaffee zu trinken und ein Croissant zu essen. Nach einer halben Stunde entschloss er sich zum Weiterfahren. Diese Selbstherrlichkeit konnte der Geschäftsbereich Reise & Touristik der Deutschen Bahn nicht durchgehen lassen. Er kündigte, aber B. klagte auf Wiedereinstellung.

Der 24-Jährige Thilo B. war kein Problemfall, sonst hätte er nicht die Lizenz für die 330 km/h schnellen ICE erhalten. Er war ein Hoffnungsträger des Unternehmens, den man mit Extraprämien bei Laune hielt. Solch einer wurde vom Amtsgericht wegen Freiheitsberaubung von mindestens 100 Fahrgästen und Störung eines öffentlichen Betriebes zu acht Monaten Freiheitsstrafe verurteilt, für zwei Jahre zur Bewährung ausgesetzt. Er hatte auch 2000 Euro Geldstrafe zu bezahlen. An jenem Tag war er wegen der permanenten technischen Unzulänglichkeiten der ICE-Züge, wegen nicht eingehaltener Zusicherung der Betriebszentrale und der folgenden Verspätung »einfach ausgeflippt«.

Um 5.25 Uhr hatte er seinen Dienst von Frankfurt (Main) nach Köln angetreten. Der ICE war defekt. Er hatte einen Getriebeschaden. Die Klimaanlage arbeitete nicht. Unablässig blinkte die Störungstaste im Führerraum. Der Zug fuhr mit 32 Minuten Verspätung in Frankfurt (Main) Hbf ab.

Der ICE, den B. in Köln übernahm, gab sofort den Geist auf, und der angeforderte Techniker kam nicht. B. musste selbst nach der Störung suchen und sie beheben, so dass seine vierzigminütige Pause ausfiel; der ICE nach Frankfurt (Main) fuhr ebenfalls erheblich verspätet ab. B. forderte eine Ablösung, weil seine Arbeitszeit überschritten war. Die sollte in Koblenz erscheinen. Doch dort kam sie nicht, und B.'s Enttäuschung wuchs. Er beanspruchte die ihm zustehende Pause im Dunkel des Tunnelbahnhofs. Den Reisenden blieb die Ungewissheit, wann der Zug weiterfahre. Wegen des besetzten Gleises mussten drei Züge umgeleitet werden, sechs weitere Züge wurden verspätet. Der Gedanke, er sei schließlich auch ein Mensch, den man mit seinen Bedürfnissen und Rechten zu achten habe, divergierte mit der Ansicht des Staatsanwaltes, es sei unverantwortlich, den Frust auf dem Rücken der Fahrgäste auszutragen. Gegen die Kündigung intervenierte die Gewerkschaft Deutscher Lokomotivführer, die die Ursache des Eklats in der mangelhaften Personalsituation sah. Vor dem Arbeitsgericht einigten sich die Deutsche Bahn und B. Aus der fristlosen wurden eine fristgerechte Kündigung und ein Zeugnis, aus dem der Vorfall im Tunnel nicht hervorgeht.

Dabei haben nicht einmal die Lokomotivführer im Fernverkehr, etwa des Intercity-Express, die schlechtesten Arbeitsbedingungen, sondern die der S-Bahn. Ihre Arbeit zu verdichten, bedeutet: knapp bemessene Wendezeiten, kurze Folge von Anfahren und Halten, ständiger Wechsel vom Sitzen im Führerraum, Aufstehen und Stehen in kalter oder heißer Luft, um den Zustieg zu beobachten. Der Wegfall der Aufsicht, um die Kosten zu senken, hat das Arbeitsklima und das Klima im Führerraum der S-Bahnen nicht verbessert.

Die häufig haltenden Nahverkehrszüge erscheinen ebenfalls nicht als das Non-plus-ultra eines angenehmen Arbeitsplatzes. »Man muss nur einmal einem Lokführer auf dem Steuerwagen oder einer Lok eines Nahverkehrs- oder S-Bahn-Wendezuges zusehen, wenn er alle zwei Minuten versucht, seinen Zug mit dem alten großen Führerbremsventil einigermaßen genau und ruckfrei zur H-Tafel[7] hinzubremsen. Er muß bei jedem Halt aufstehen, zum Fenster gehen dieses oft mit Mühe herunterziehen und dann im Menschengewimmel in der Dämmerung des Bahnsteiges den erhobenen Arm mit dem Signallicht des oft 200 Meter entfernt stehenden Zugführers (KiN) zweifelsfrei zu erkennen. Er geht wieder zurück, um die Bremse zu lösen und stufenweise anzufahren. Dann geht er noch einmal zum Fenster, um den vorgeschriebenen Kontroll-Blick auszuführen. Nun erst kann er sich hinsetzen und mit voller Leistung anfahren. Spätestens hier wird klar, dass dies kein besonders intelligenter und durchdachter Arbeitsablauf ist«, beschrieb die Fachbeilage der Zeitung der Gewerkschaft der Eisenbahner Deutschlands die Misere. Inzwischen hat sich einiges getan, wie das veränderte Führerbremsventil, das auch im Stehen bedient werden kann.

7 Signal, das den gewöhnlichen Halteplatz des Zuges anzeigt.

Faustschlag statt Dankeschön

Aber oft fährt der Triebfahrzeugführer ohne Zugführer und muss allein entscheiden, ob und wann er abfahren darf, und der Wechsel zwischen Warm (innen) und Kalt (draußen) blieb. Vereinfacht wurden die Handgriffe, wenn er im Wendezug vom Führerraum der Lokomotive zum Steuerabteil am anderen Zugende wechselt bzw. umgekehrt. Verändert hat sich auch der Kontakt zu den Reisenden. Er ist auf vielen Bahnhöfen die einzige »Servicekraft« geblieben, die um Auskunft gebeten werden kann. Nicht immer endet der Kontakt mit den Menschen auf dem Bahnsteig in erfreulicher Weise – Faustschlag statt Dankeschön.

Mutterseelenallein auf der Strecke wie während der gesamten Schicht zu sein, kann besonders im Güterzugdienst zermürben. Denn die Güterzüge fahren recht oft abweichend vom Fahrplan, werden »auf den Rand« genommen und stehen gelassen, wenn sie »vor Plan« sind oder in der Rangfolge wichtigere Züge überholen sollen. Eine Tageszeitung beschrieb die Situation eines Lokomotivführers, der in Köln-Eifeltor den TEEM 41135 übernommen hatte: »Dörr muß warten. Aber immerhin 22 Minuten ‚vor Plan' zeigt das Ausfahrsignal ‚Hp 2' (zwei Flügel und die Lichter grün/gelb,

Geschwindigkeit nicht über vierzig). Die daunenweich laufende sechsachsige Lokomotive[8] fährt durch Bonn. Es ist kurz vor zwei Uhr. In Bonn kündigt die Anzeigetafel des Bahnsteigs für 2.11 Uhr einen D-Zug nach Split an. Dörr erwartet nun für unterwegs ein Überholen. In Koblenz hält der Zug, dann wieder vor St. Goar, in der Werlau, einem Überholbahnhof ohne Ortschaft, um drei Uhr nachts. Hier überholt der D-Zug. Nach der Ankunft in Mainz-Bischofsheim gegen vier Uhr hat Dörr beileibe noch keinen Dienstschluß. Er muß noch einen frühen Nahverkehrszug von Mainz nach Bingen ziehen, ehe er sich nach Hause begeben darf.« [1]

Was 1985 noch als Erschwernis galt, den an den Schnellzugdienst angehängten Nahverkehrszug, sähen 2011 viele Lokomotivführer gern. Sie empfinden den Dienst nur in einer Zuggattung und auf wenige Strecken beschränkt, als eintönig. Die im 1. Kapitel beschriebene Divisionalisierung lässt nur noch zu, dass der Lokomotivführer bei DB-Regio nur Regionalzüge fährt, der bei DB-Schenker Rail nur Güterzüge, und das auf den immer gleichen Strecken. Wenn DB-Personenverkehr außerdem plante, die Organisationseinheiten weiter zu verkleinern, um für die Ausschreibungen das Entgelt des Personals minimieren zu können, wäre der Dienst noch stupider geworden.

Die Eintönigkeit ist das eine, die Einsamkeit das andere Argument, das gegen den Beruf ins Feld geführt werden kann. Viele mögen gerade das Alleinsein, die Selbstständigkeit im Unterschied zu anderen Berufen. Sie sehen sich als »Einzelkämpfer«, als Chef, der die Verantwortung allein trägt und sehnen sich keineswegs nach einem Vorgesetzten, der ihnen ständig auf die Finger sieht und ihren Gesprächen lauscht.

Wenn sie sich nicht täuschen! Der Lokomotivführer ist während der Fahrt nur scheinbar unabhängig. Abgesehen davon, dass der Lokomotivführer die Aufträge der ihm bekannten Führungskräfte und auch die Anordnungen der Mitarbeiter von Dispositionsstellen zu befolgen hat, gehört zu dessen Pflicht, die Regelwerke, Aufträge und Weisungen zu kennen und zu beachten, fast täglich neue zum Zugfunk, zu den Baureihen, zu den Stromabnehmern, zur Zusatzbremse, zur Heizung. Das Flexible ist zum Schimpfwort geworden. Schließlich hat der Lokomotivführer die ihm zugewiesenen Triebfahrzeuge gemäß Bedienungsanleitung zu bedienen sowie deren Betriebssicherheit und Einsatzfähigkeit zu überwachen und die ihm aufgetragenen Arbeiten unter Beachtung der geltenden Bestimmungen sicher, pünktlich und wirtschaftlich ausführen. Das ist eine Menge, was verlangt wird!

Gesang gegen die Müdigkeit

Auch früher, als den Lokomotivführern ein Beimann mitgegeben wurde, gefiel es nicht jedem, wenn er während der Fahrt unterhalten und zum Mitraucher wurde. Und noch früher waren Lokomotivführer und -heizer keinesfalls stets die ideale Verbindung im Beruf.

Den Zugfunk (bei der Bundesbahn Zugbahnfunk genannt) begrüßten sie als Verbindung zu den Eisenbahnern an der Strecke, ohne dass

---

8 *Es war eine Lok der Baureihe 151.*

sie deswegen ihr rollendes Eremitendasein aufgeben mussten. Für Abwechslung sorgt der Melderaum, in dem sie vielleicht andere Kollegen treffen und sich etwas länger aufhalten als nötig, um sich auszutauschen und zu quatschen.

Manche kennen vom Dampflokfahren noch die frische Luft und die Bewegung, die ihnen im geschlossenen Führerraum fehlt. Sie ermüden besonders während der Fahrten durch die Nacht. Fuhren sie mit geöffneten Fenstern, stellten sich Erkältungskrankheiten ein, die man von früher, vom zugigen Führerstand kaum kannte. Da hilft die inzwischen fast zum Standard gewordene Klimatisierung des Führerraums. Gegen die Gefahren von Übermüdung, Unwohlsein oder gar des Ausfalls des Lokomotivführers sorgt die im 5. Kapitel bereits beschriebene technische Einrichtung der Sicherheitsfahrschaltung (Sifa). Ein Lokomotivführer sagte: »Werde ich müde, kämpfe ich dagegen durch Singen an.« Auch helfe es, aufzustehen und etwas zu trinken. Kaffee sei allerdings, jedenfalls für ihn, ein schlechtes Mittel, munter zu bleiben. Ein Psychologe vom DB-Gesundheitszentrum Süd in München[9] räumte ein, was eigentlich alle wissen, die im Schichtdienst tätig sind: Nachts, am frühen

Einer der wenigen Kontakte am Tage hat der Triebwagenführer mit dem Reisendenlenker in Herford (2002). *Foto: Richard Schulz*

9 *Die Deutsche Bahn hat diese Einrichtung 2010 ausgelagert.*

Morgen und zum Ende langer Schichten lässt die Leistungsfähigkeit nach. Er äußerte, dass der Triebfahrzeugführer sich in der Eintönigkeit innerlich zum Beispiel durch Sorgen oder Ärger ablenken lasse. Aber gegen die Monotonie gäbe es kein Patentrezept.

Hin und wieder liest man von automatisierten Zügen, die nicht mehr des Lokomotivführers bedürfen. Wird die Technik den Menschen verdrängen, dessen potenzielles Versagen das größte Sicherheitsrisiko sein soll? Das Kontra lautet: Kaum jemand wolle sich führerlosen Zügen anvertrauen. Doch solche Beispiele gibt es bereits bei Untergrundbahnen. Die atemlose Rationalisierung bei der großen Eisenbahn zeigt doch, was alles möglich ist.

Trotz aller eingeschränkten Selbstbestimmung und der vorher genannten Widrigkeiten finden sich immer junge Leute, die sich von den technischen Herausforderungen dieses Berufs angesprochen fühlen. Sie sind lieber in einer fremden Stadt, wo sie sich im Hotel, im Café entspannen als acht Stunden im Büro und dazwischen in der Kantine. Einer der Befragten sagte: »Man kommt immer wieder sicher heim. Man fährt ja selbst, steht nicht im Stau, wird ständig überwacht.« Er zählte auch die Vorzüge auf, an die manche gar nicht denken: nicht arbeitslos zu sein, »ich kann mich ‚bahnweit' bewerben und bin nicht auf das Wohlwollen eines Chefs angewiesen wie in einer kleinen Firma«. Selbst die »supergute Versicherung«, die Eisenbahnern angeboten wird, vergaß er nicht zu erwähnen.

Außerdem scheint der Beruf des Lokomotivführers mit der Sicherheit des Arbeitsplatzes verbunden zu sein. Wo gibt es das sonst noch? Die Deutsche Bahn erklärt: »Aufgrund der sich abzeichnenden demografischen Entwicklung ist hier tendenziell insgesamt ein zunehmender Bedarf zu erwarten. Die Ausbildungszahlen wurden deshalb bereits stark angehoben.« Das Eisenbahnverkehrsunternehmen Metronom, eine Regionalbahn in Niedersachsen, musste im Sommer 2011 sogar Züge ausfallen lassen, weil infolge Urlaub und Krankheit vorübergehend Lokomotivführer fehlten und entsprechend qualifizierte Kräfte nicht gefunden wurden.

Und wenn doch einmal Flaute herrscht, wie während einer Wirtschaftskrise? Die Deutsche Bahn erklärt: »Es besteht die Möglichkeit, Mitarbeiter, zum Lokführer auszubilden, wenn sie bestimmte Anforderungen erfüllen (sogenannte Funktionsausbildung, wie im 4. Kapitel erklärt). Umgekehrt kann auch ein Lokführer später zum Beispiel zum Fahrdienstleiter ausgebildet werden. Das kam in der Vergangenheit bei akutem Fahrdienstleitermangel auch schon vor.«

Nur: Dass man an einem bestimmten Ort Lokomotivführer bleibt, ist nicht sicher. Der Arbeitgeber erwartet Mobilität. Das erfuhren 2011, als die Stilllegung des Bahnhofs Dresden-Friedrichstadt vorbereitet wurde, etwa 150 Lokomotivführer. Wer nicht ohnehin das Rentenalter erreichte, erhielt die Chance, Lokomotivführer zu bleiben. Und zwar dort, wo sie gebraucht wurden: in Mannheim, Stuttgart, Frankfurt am Main, München, Duisburg oder bei der Berliner S-Bahn. Es gab bei der Deutschen Bahn 2011 noch 26 Werke. Wer aber nicht in ihre Nähe umziehen oder sich nicht auf das Pendeln einrichten mochte, lieferte den Grund für eine Kündigung. [28]

Lokomotivführer zu werden bedeutet nicht, es zu bleiben. Die Entwicklung aus dem Lokführerberuf heraus ist möglich und gewünscht.

Ist doch angenehm, wenn man abgeholt wird. In Magdeburg-Buckau (2008). *Foto: Erich Preuß*

Klassische Entwicklungsschritte sind zum Beispiel die Übernahme von Ausbildungsfunktionen, etwa als Instruktor bei DB-Training, für den Voraussetzung zur Einstellung der Besitz eines Eisenbahnfahrzeugführerscheins sowie die Zertifizierung als Prüfer ist.

Der Lokomotivführer kann auch aufsteigen in »Führungsverantwortung«, etwa zum Gruppenleiter oder Teamleiter für Triebfahrzeugführer. Ebenfalls häufig sind Entwicklungsschritte in die Disposition. Im Prinzip sind mehrere Weiterentwicklungen denkbar, bei denen das betriebliche und bahnspezifische Fachwissen eines Triebfahrzeugführers gesucht wird. Das sieht man auch in den Stellenanzeigen anderer Eisenbahnunternehmen.

Der DB-Konzern bietet spezifische Fortbildungen bzw. zusätzlich ein Angebot an Fernstudiengängen an, in dem man sich die Kenntnisse der Betriebswirtschaftslehre aneignen kann. Es hat Lokomotivführer gegeben, die eine Eisenbahngesellschaft gründeten, wie die Prignitzer Eisenbahn, weil dem Lokomotivführer aus Putlitz das Pendeln nach Hamburg zu aufwändig geworden war. Zu bedenken ist, dass zu jeder Selbstständigkeit der Erfolg und das Scheitern gehören.

Das Fazit: Jeder entscheidet für sich je nach Charakter und Begabung, ob er einen Traum wahr machen wird. Die Spielregeln, das Licht und der Schatten gehören dazu, wie in jedem Beruf.

Anhang

Schema der Aus- und Fortbildung von Lokomotivführern bei der Deutschen Bahn. (Auszug)

Entnommen: [29]

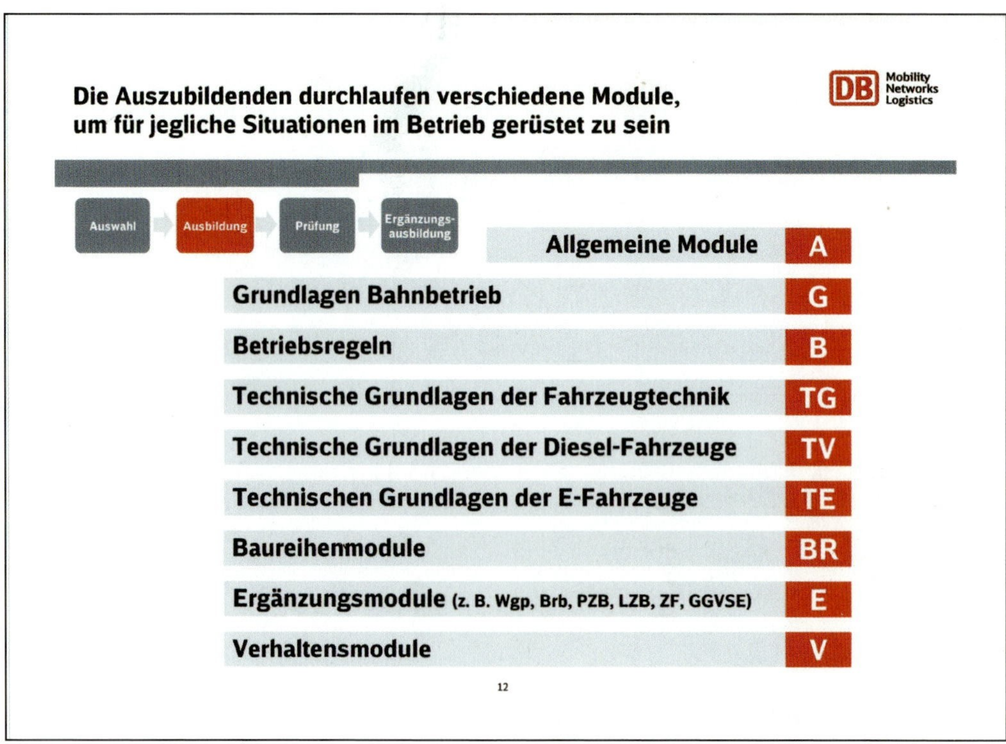

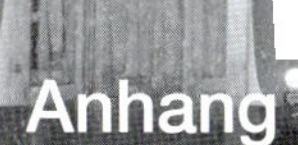

Die Prüfung zum EFF der unterschiedlichen Klassen besteht aus mehreren Elementen

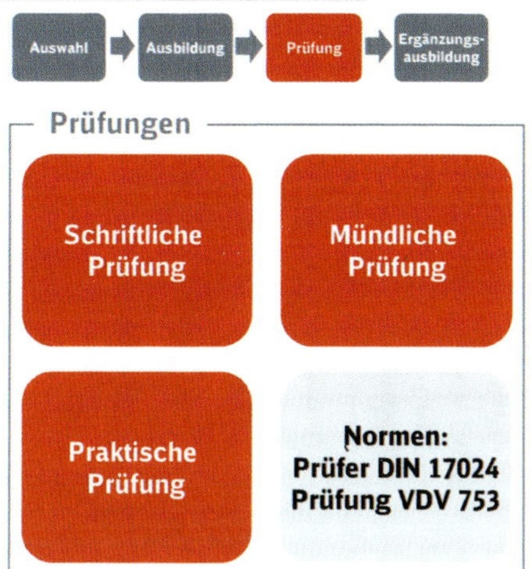

Führerscheinklassen

1 Führen von Eisenbahnfahrzeugen als Rangierfahrten

2 Führen von Eisenbahnfahrzeugen bei besonderen oder bei einfachen Betriebsverhältnissen

3 Führen von Eisenbahnfahrzeugen in allen Fällen

15

Mit der Ergänzungsausbildung werden die Eisenbahnfahrzeugführer für weitere betriebliche Aufgaben qualifiziert

Auswahl ➡ Ausbildung ➡ Prüfung ➡ Ergänzungsausbildung

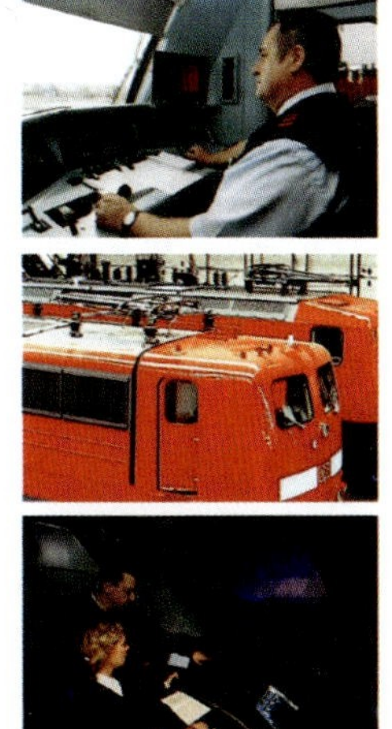

18

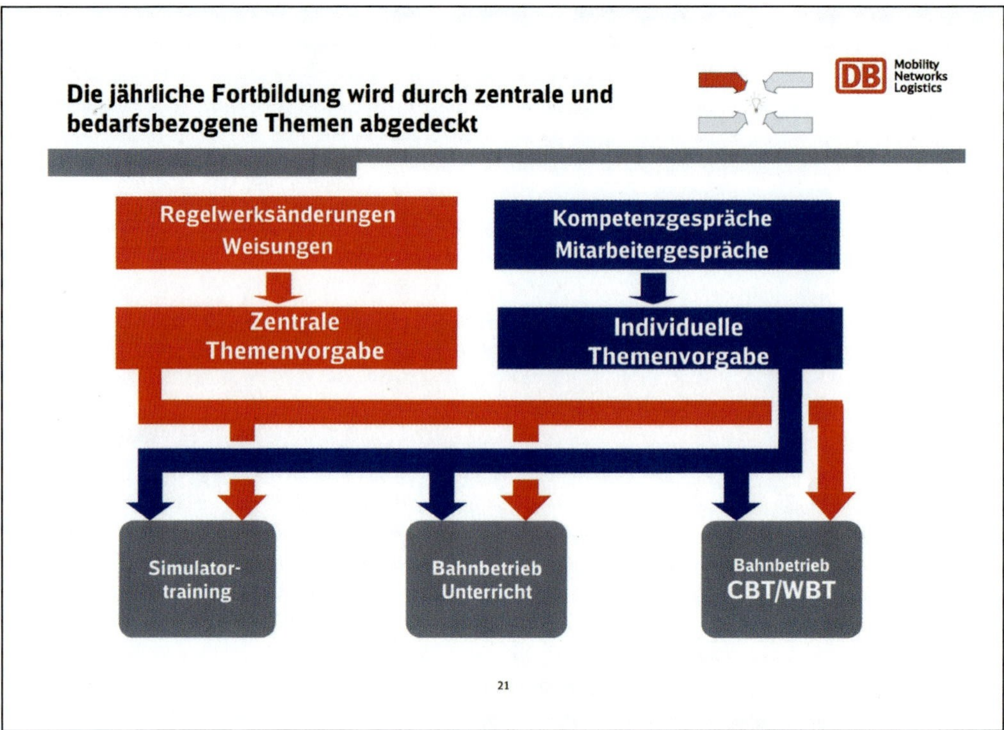
Die jährliche Fortbildung wird durch zentrale und bedarfsbezogene Themen abgedeckt
DB
Mobility Networks Logistics
Regelwerksänderungen Weisungen
Kompetenzgespräche Mitarbeitergespräche
Zentrale Themenvorgabe
Individuelle Themenvorgabe
Simulator-training
Bahnbetrieb Unterricht
Bahnbetrieb CBT/WBT
21

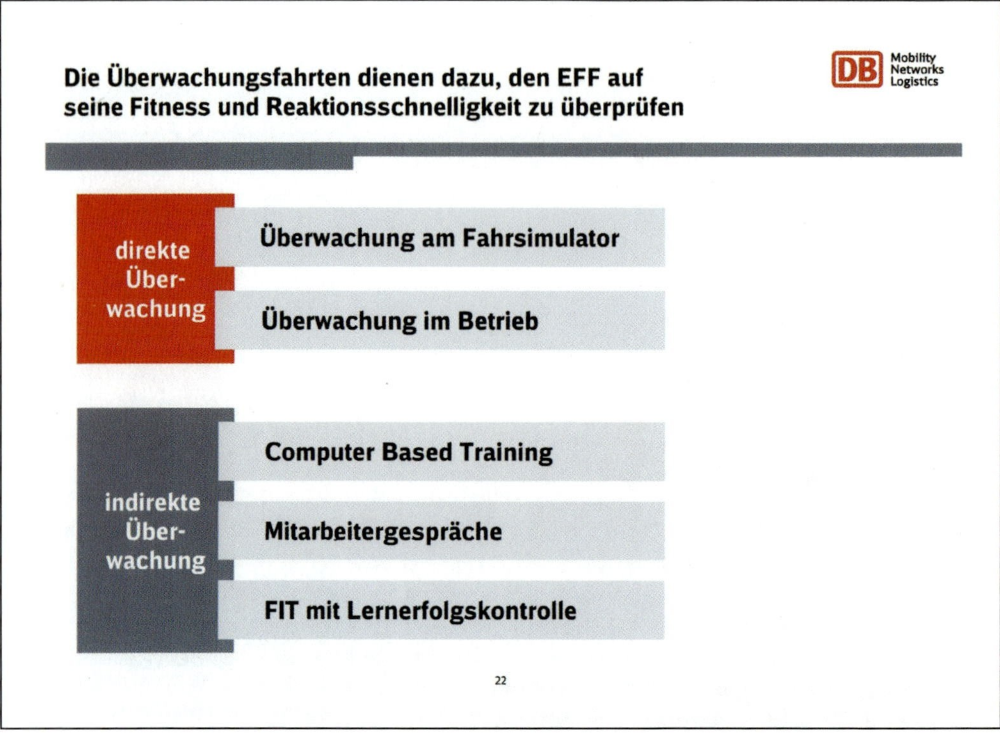
Die Überwachungsfahrten dienen dazu, den EFF auf seine Fitness und Reaktionsschnelligkeit zu überprüfen
DB
Mobility Networks Logistics
direkte Über-wachung
Überwachung am Fahrsimulator
Überwachung im Betrieb
indirekte Über-wachung
Computer Based Training
Mitarbeitergespräche
FIT mit Lernerfolgskontrolle
22

»Rückfallebene« für EBuLa:
Wenn EBuLa nicht zur Verfügung steht, muss der gedruckte Buchfahrplan benutzt werden. Für Zug 17255 Leipzig Hbf – Hof umfasst er acht Seiten!

Blattfahrplan für 13.05.2005

Fahrplan vom 12.12.04 - 10.12.05
Buchfahrplan gültig ab 12.12.04

Leipzig Hbf - Hof Hbf

17255 RE

12.12.04 - 10.12.05
Tfz 612+612+612 Mbr 185 Mg

160 km/h

1	2	3a	3b	4	5
	40	- ZF E 64 -	0,0		
		Hörer F-Taste			
		- Altenburger Strecke -			
		Bft Leipzig Hbf			20.27
0,4		Zvsig ▽, Zsig	0,4		
1,1		Avsig ▽, Zsig Ri S	1,1		
	90				
		Bft L-Volkmarsdf	1,5		29
		Asig	1,7		
		Bft Lpz Ost Hp	2,1		20.30

1	2	3a	3b	4	5
	90	- ZF E 64 -			
		Hörer F-Taste			
		Bft Lpz Ost Hp	2,1		20.30
2,5					
	90 (80)				
2,8		Lf ▽			
	80				
		Bksig	2,9		
		Abzw Torgauer St	3,1		30
3,5					
	50				
3,6		Sellerhausen Hp	3,6		31
	70				
		Anger-Crotten Hp	4,8		32
5,0					
	30				
5,2					
	100				
		Esig	5,6		
		- Ferngleis -			
		Bft L-Stötteritz[1])	6,0	20.35	20.36

[1]) mdl

gedruckt: 13.5.05 Zugnummer: 17255 Seite 1

1	2	3a	3b	4	5
		Alternativweg			
		- Vorortgleis -			
	60	- ZF E 64 -	4,8		
		- Vorortgleis -			
		Bft L-Stötteritz			
		Asig	5,4		
6,3		Evsig ▽, Bksig	6,3		
6,4		Abzw Tabakmühle	6,4		
	60				
	(50)				
6,5					
	60				
		Esig	6,9		
			7,3		
			2,6		
		Asig	3,5		
		- Vorortgleis -			
		Bft L-Connewitz			
4,1					
	50				
4,2					
	80				
		Bk Markkleebg Hp	6,1		
		Bksig	6,5		
		Markkleeb-Gr Hp	8,1		
8,9		Esig	8,9		
	60				
		Bft Gaschwitz	9,4		
		Einmündung auf Regelweg			

1	2	3a	3b	4	5
		Alternativweg			
		nach Lpz-Connewitz			
	100	- ZF E 64 -	6,0		
		Hörer F-Taste			
		- Ferngleis -			
		Bft L-Stötteritz			
			6,6		
		Bft Lpz-Völker=	7,1		
		schlachtdenk Hp			
7,3		Evsig ▽, Asig	7,3		
8,0		Esig D ← Lpz-Connewitz	8,0		
	60				
		Bft Marienbr Hp	8,4		
			8,6		
			2,7		
		Bft L-Connewitz	3,5		
		Einmündung auf Regelweg			
	100	Forts. Regelweg			
		- ZF E 64 -			
		Hörer F-Taste			
		- Ferngleis -			
		Bft L-Stötteritz	6,0	20.35	20.36
		Asig	6,6		
		Esig Lpz-Connewitz	8,0		
8,7		- ZF E 64 -	8,7		
2,8	120		2,8		
		Bft L-Connewitz	3,5		20.38
		Asig			

1	2	3a	3b	4	5
	120	- ZF E 64 -			
		Bft L-Connewitz	3,5		20.38
		Asig			
3,9					
	120				
	(100)				
5,1					
	70				
5,2					
	100				
		Bk Markkleebg Hp	6,1	20.41	41
6,2					
	120				
	(100)				
		Bksig	6,5		
		- Ferngleis -			
		Sbk 291	7,6		42
		Markkleeb-Gr Hp	8,0		43
8,8		Zvsig ▽, Esig	8,8		
	120				
9,3					
	50				
9,4		Bft Gaschwitz	9,4		20.44
	100				

1	2	3a	3b	4	5
		Alternativweg			
		über 3. Gleis			
	80	- ZF E 64 -	10,6		
		- 3. Gleis -			
		Bft Gaschwitz			
		Bft Großdeuben	11,5		
		Asig	11,5		
		Esig	13,3		
		Böhlen (b Lpz)	14,7		
		Einmündung auf Regelweg			
	100	Forts. Regelweg			
		- ZF E 64 -			
		Bft Gaschwitz	9,4		20.44
9,6		Zvsig ▽, Zsig	9,6		
		Zsig	10,3		
10,8					
	120				
		Bft Großdeuben	11,5		46
		Asig	11,6		
12,2					
	120				
	(100)				
13,3		Esig	13,3		
	120				
		Böhlen (b Lpz)	14,6		48
		Asig	14,7		
15,4					
	120				
	(100)				
		Bk Böhlen Wk Hp	16,8		20.49

gedruckt: 13.5.05 Zugnummer: 17255 Seite 3

1	2	3a	3b	4	5
	120	- ZF E 64 -			
	(100)	Bk Böhlen Wk Hp	16,8		20.49
		Bksig	17,0		
18,4					
	50				
	(100)				
20,4		Zvsig ▽, Esig	20,4		
	50				
20,8					
	120				
		Neukieritzsch	21,1		54
21,3		Avsig ▽, Zsig	21,3		
		Asig	22,1		
		El 1	22,5		
22,8					
	120				
	(100)				
		Bksig	24,7		
		Bk Deutzen Hp	25,1		56
26,7					
	120				
	(50)				
28,1		Esig	28,1		
	120				
		Regis-Breitingen	28,7		20.59

1	2	3a	3b	4	5
	120	- ZF E 64 -			
		Regis-Breitingen	28,7		20.59
		Asig	29,4		
29,9					
	120				
	(100)				
		Bksig	32,1		
		Üst Treben-L Hst	32,8		21.01
35,9		Esig Altenburg	35,9		
	120				
36,2		Bft Altenburg W1	36,2		03
	50				
		Zsig	37,4		
38,1		Avsig ▽			
		Bft Altenburg	38,6	21.06	07
		Zsig	38,7		
		Asig	38,9		
39,6					
	50				
	(70)				
		Bksig	41,5		
		Üst Nobitz	42,5		12
		Bksig	43,3		
43,8		Üst Paditz Hp	43,8		13
	120				
	(100)				
47,3		Avsig ▽, Esig	47,3		
	120				
		Lehndorf	48,1		21.16
		Asig			

gedruckt: 13.5.05 Zugnummer: 17255 Seite 4

1	2	3a	3b	4	5
	120	- ZF E 64 -			
		Lehndorf	48,1		21.16
		Asig			
49,1	120 (100)				
50,6	100				
50,7	120 (100)				
51,8		Esig	51,8		
	120				
53,0		Zvsig ▽, Zsig	53,0		
53,6		Avsig ▽, Zsig	53,6		
		Gößnitz		21.19	20
		Asig	53,9		
54,6	120 (100)				
		Ponitz Hp	57,7		21.23

1	2	3a	3b	4	5
	120 (100)	- ZF E 64 -			
		Ponitz Hp	57,7		21.23
57,9	70				
60,6	50				
		- ZF E 64 -	61,2		
		Hörer F-Taste			
61,8	70 (100)				
62,4	120 (100)				
62,6		Bksig	62,6		
	120				
		Üst Crimmitsc Hp	63,0	21.28	29
64,5	140				
64,8	160				
		Sbk 7741	66,5		
		Schwbg-Culten Hp	66,7		31
71,7	120				
		Werdau Nord Hp	71,8		34
		Esig	72,4		
73,5	90				
		Werdau	73,8	21.35	21.35

gedruckt: 13.5.05 Zugnummer: 17255 Seite 5

1	2	3a	3b	4	5
	90	- ZF E 64 -			
		Hörer F-Taste			
		Werdau	73,8	21.35	21.35
		Asig	73,9		
		Bksig Ri R	75,1		
75,2	80				
		Abzw Werdau=	75,3		37
		Bogendr Werd Sp			
		Abzw Werdau=	75,9		37
		Bogendr Neum Sp			
76,2		GNT-Anfang	76,2		
	80 (110)				
76,4	110				
		- ZF E 65 -	77,3		
		Hörer F-Taste			
		Sbk 80945	77,9		39
		Esig	81,3		
81,6	100				
		Neumark (Sachs)	82,2		41
		Asig	82,4		
82,8	110				
86,4	120				
		Sbk 8215	86,6		21.44

1	2	3a	3b	4	5
	120	- ZF E 65 -			
		Hörer F-Taste			
		Sbk 8215	86,6		21.44
88,9	110				
		Esig	89,5		
90,9	100				
		Reichenb(V)ob Bf	91,0	21.47	47
		Asig			
91,4	110				
		- ZF E 61 -	92,0		
		Hörer F-Taste			
		Netzschkau Hp	96,2		50
		Sbk 8325	96,6		51
		Limbach (V) Hp	99,1		52
		Esig Ri P	100,6		
101,2	100				
101,6		Herlasgrün	101,6		53
	110				
		Asig	101,9		
102,7	110 (100)				
		- ZF E 61 -	103,8		
		Ruppertsgrün Hp	105,9		21.56

gedruckt: 13.5.05 Zugnummer: 17255 Seite 6

1	2	3a	3b	4	5
	110	- ZF E 61 -			
	⟨100⟩	Ruppertsgrün Hp	105,9		21.56
107,3					
	120 ⟨100⟩				
		Jocketa Hp	108,4		57
		Sbk A	108,5		
109,1					
	100				
		Jößnitz Hp	111,7		22.00
111,9					
	110 ⟨100⟩				
114,9		Esig	114,9		
	40				
		Plauen (V) ob Bf	115,9	22.04	05
		Asig	116,2		
116,5					
	80				
117,0					
	110				
117,6					
	110 ⟨100⟩				
		- ZF E 63 -	118,5		
122,2					
	100				
		Bksig	122,3		
		Bk Syrau Hp			22.09

1	2	3a	3b	4	5
	100	- ZF E 63 -			
		Bksig	122,3		
		Bk Syrau Hp			22.09
122,6					
	110 ⟨100⟩				
		- ZF E 63 -	125,2		
		Hörer F-Taste			
126,5		Esig	126,5		
	110				
126,7					
	100				
		Mehltheuer	127,2		12
127,4					
	110				
		Asig	127,6		
128,2					
	110 ⟨100⟩				
129,5		- ZF E 63 -	129,5		
	100				
130,5					
	110 ⟨100⟩				
132,3					
	100				
		Esig	132,5		
		Schönberg (V)	133,5		22.16

gedruckt: 13.5.05 Zugnummer: 17255 Seite 7

1	2	3a	3b	4	5
	100	- ZF E 63 -			
		Schönberg (V)	133,5		22.16
		Asig	133,6		
133,9					
	110				
134,6					
	110 ⟨100⟩				
137,0					
	100				
137,9					
	110 ⟨100⟩				
140,5					
	100				
		Esig	140,6		
		Reuth (b Plauen)	141,4		21
		Asig	142,0		
142,7					
	110 ⟨100⟩				
147,6					
	100				
		Grobau Hp	147,7		24
		Esig	148,5		
		Gutenfürst	149,7		22.25

1	2	3a	3b	4	5
	100	- ZF E 63 -			
		Gutenfürst	149,7		22.25
		Asig	150,0		
150,8					
	110				
			151,7		
		Sbk 101	153,8		29
154,0					
	100				
155,1					
	110				
		- ZF A 64 -	156,0		
156,9		(Sbk 171)	156,9		
	100				
		Sbk 103	158,7		32
		St. Ho 1 Awanst	159,1		32
		BÜ km 160,107, Autom HET; nur für CB von St. Ho1	160,1		
		(St. Ho 2 Awanst)			
		Haßmann Awanst	161,4		22.33
162,5					
	80				
		(Vogtl. Awanst)	162,6		
163,4		Esig	163,4		
	60				
		GNT-Ende			
			164,3		
			127,7		
		Hof Hbf	127,2	22.37	

gedruckt: 13.5.05 Zugnummer: 17255 Seite 8

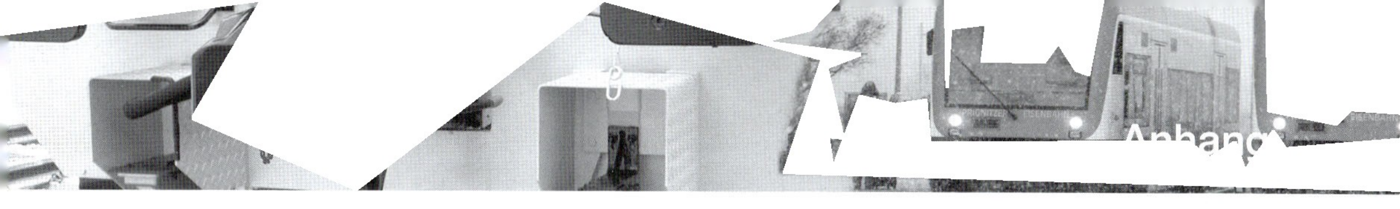

Zug 17255 fährt mit drei Triebwagen der Baureihe 612 durch Gutenfürst, wo 2006 noch die Rudimente des einstigen Grenzbahnhofs reichlich vorhanden waren. Foto: Erich Preuß

Der Ersatz-Buchfahrplan für Zug 3631 Erfurt Hbf – Altenburg, der ab Gera Hbf mit nur noch einem Triebwagen fährt. Der Plan gibt Beginn

Blattfahrplan für 27.07.2009

Fahrplan vom 14.12.08 - 12.12.09
Buchfahrplan gültig ab 14.6.09

Erfurt Hbf - Altenburg

3631 RE

14.12.08 - 12.12.09
Tfz 612+612 — 2a: Mbr 100 Mg / 2b: Mbr 195 Mg

ab Gera Hbf
Tfz 612 — 2a: Mbr 98 Mg / 2b: Mbr 138 Mg

2a: 120 km/h
2b: 160 km/h

1	2a	2b	3a	3b	4	5
	60		- ZF GSM-R -	108,4		
			Bft Erfurt Hbf			17.50
			● 600A			
			Zsig Ri W (108,1)			
			- Güterzuggleis -			
			Zsig	107,1		
			Bft Erfurt Gbf			51
			Bft Erfurt Eb	106,0		53
			Asig			
105,2			Bft Erfurt Eo	105,2		17.54
105,2	120			105,2		
			● 900A ,Gz: 600 A			

1	2a	2b	3a	3b	4	5
	120		- ZF GSM-R -			
			Bft Erfurt Eo	105,2		17.54
			● 900A ,Gz: 600 A	105,2		
105,2			¥, (¥)	105,2		
	120 (100)					
105,1						
	120					
			Sbk 11152	102,9		55
102,0			GNT-Anfang	102,0		
	120	*160*				
			Esig, (Esig)	101,8		
			Vieselbach	100,9		56
			Asig	100,5		
			(¥), ¥	100,3		
			Sbk 11132	97,3		58
			Hopfgarten Hp	94,7		59
			(Sbk 11221)	94,1		
			Sbk 11122	94,1		18.00
			Sbk 11112	92,5		00
89,5						
		120				
89,4			GNT-Ende	89,4		
	120					
			Esig Weimar, (Esig)			
88,2						
	100					
88,0			Zsig	88,0		
	60					
87,4				87,4		
-0,4	60	*60*		-0,4		
			Bft Weimar	0,0	18.04	18.06

1	2a	2b	3a	3b	4	5
	60	*60*	- ZF GSM-R -			
			Bft Weimar	0,0	18.04	18.06
0,1			Avsig ▽, Zsig	0,1		
			●	0,7		
			Asig	0,9		
0,9			GNT-Anfang	0,9		
		100				
1,4						
		140				
			¥	1,6		
1,6						
	100					
				1,9		
				2,7		
			Oberweimar Hp	4,1		11
			Sbk 1113	4,3		11
				4,4		
				4,6		
			Esig	7,0		
				7,0		
				7,3		
			Mellingen (Thür)	7,6		18.12

1	2a	2b	3a	3b	4	5
	100	*140*	- ZF GSM-R -			
			Mellingen (Thür)	7,6		18.12
				7,9		
			Asig	8,0		
				8,0		
				8,3		
			¥	8,3		
				9,3		
10,0						
		120				
				10,5		
				11,4		
11,5						
		100				
				11,7		
				12,0		
				12,6		
				13,2		
			Esig	13,3		
13,6				13,6		
		100				
13,7				13,7		
		130				
			Großschwabhausen	14,3		18.16
			Betriebsbremsung			

und Ende der Neigetechnik an, so dass in diesen Abschnitten statt 120 km/h bis zu 160 km/h Geschwindigkeit zugelassen sind.

1	2a	2b	3a	3b	4	5
	100	130	- ZF GSM-R -			
			Großschwabhausen	14,3		18.16
			Betriebsbremsung			
			Asig	14,5		
			¥	14,6		
			(¥)	14,7		
				15,0		
				15,2		
				16,7		
				17,0		
				17,6		
17,7						
		110				
				18,1		
				18,3		
				18,5		
				18,9		
				19,6		
				20,0		
				20,7		
				21,0		
				21,6		
			(Esig), Esig	22,0		
				22,1		
			Jena West	22,6	18.21	18.23

1	2a	2b	3a	3b	4	5
	100	110	- ZF GSM-R -			
			Jena West	22,6	18.21	18.23
22,8			GNT-Ende	22,8		
	100					
			Asig	23,1		
				23,2		
			¥, (¥)	23,5		
24,0						
	80					
				24,8		
25,0						
	100					
			Esig, (Esig)	25,5		
			Zsig	26,5		
26,8						
	80					
			Göschwitz (S)	27,5	18.27	28
			Zsig, Asig	27,6		
27,7						
	100					
			(¥), ¥	28,1		
28,2			GNT-Anfang	28,2		
	100	130				
			Üst N Schenke Hp	31,0		18.30

1	2a	2b	3a	3b	4	5
	100	130	- ZF GSM-R -			
			Üst N Schenke Hp	31,0		18.30
			(Bksig), Bksig	31,1		
31,4			¥	31,4		
		130				
31,6						
		140				
			Bksig	36,4		
36,5						
		130				
			¥, (¥)	36,7		
37,2			Üst Stadtroda Hp	37,2	18.34	34
		120				
				38,2		
38,3						
	90	110				
				38,4		
				38,6		
				39,8		
				40,1		
41,7						
	100					
				42,5		
			Üst Papiermü Hp	42,9		18.38

1	2a	2b	3a	3b	4	5
	100	110	- ZF GSM-R -			
			Üst Papiermü Hp	42,9		18.38
			Bksig, (Bksig)	43,0		
43,1						
		100				
			¥	43,2		
43,6						
		130				
46,8						
		120				
47,0						
		130				
			Esig	47,7		
47,9						
		130				
				48,0		
			Hermsdorf-Klost	48,4	18.42	42
			Asig	48,7		
				49,1		
			(¥), ¥	49,3		
				50,5		
				51,1		
54,2						
	90	120				
54,7						
	100	140				
			Kraftsdorf Hp	55,6		47
				56,0		
60,9				60,9		
		130				
			Töppeln Hp	61,1		18.49

1	2a	2b	3a	3b	4	5
	100	*130*	- ZF GSM-R -			
			Töppeln Hp	61,1		18.49
			Bksig, (Bksig)	61,6		
62,0			Töppeln Üst	62,0		50
		130				
			¥			
63,5						
	90	*120*				
64,6			*GNT-Ende*	64,6		
	90					
				65,7		
				65,8		
65,9			Zvsig ▽, Esig Gera Hbf	65,9		
			Bft Gera-Tinz	66,4		52
66,8			Zsig	66,8		
	80					
			Zsig	67,9		
			Bft Gera Hbf[1])	68,0	18.54	19.00
68,2			Asig	68,2		
	60					
			- Ferngleis -	68,4		
				73,4		
			(¥)	73,5		
73,6			¥	73,6		
	80					
			Gera Süd Hp	74,4	19.02	03
			Bksig Ri R,	75,1		
			(Bksig Ri W)			
			Abzw Ge-Debschw	75,4		19.04

[1]) Änderung der Zugcharakteristik

gedruckt: 27.7.09 Zugnummer: 3631 Seite 9

1	2a	2b	3a	3b	4	5
	80		- ZF GSM-R -			
			Abzw Ge-Debschw	75,4		19.04
			- ZF E 72 -	75,5		
			Hörer F-Taste			
			- ZF GSM-R -	75,7		
				32,4		
32,3			*GNT-Anfang*	32,3		
	80	*80*				
32,3			¥	32,3		
		100				
				32,0		
			G-Gessental Hp	29,1		06
28,9						
	110	*140*				
			- ZF ENDE -	25,7		
			- ZF GSM-R -	25,5		
				25,2		
24,9			Zvsig ▽, Esig	24,9		
	100					
24,6						
		100				
			Ronneburg (Thür)	24,2	19.11	12
			Zsig	24,2		
			Asig	23,9		
23,8						
	90	*90*				
			¥	23,7		
				23,5		
				23,1		
			Bksig	22,8		
22,6						
	80					
			Abzw Raitzhain	22,5		19.13

gedruckt: 27.7.09 Zugnummer: 3631 Seite 10

1	2a	2b	3a	3b	4	5
	80	*90*	- ZF GSM-R -			
			Abzw Raitzhain	22,5		19.13
			¥	22,5		
22,4						
	90	*120*				
				22,3		
				22,0		
				21,9		
17,2			Avsig ▽, Esig	17,2		
16,6						
	80	*100*				
			Asig	16,3		
			Nöbdenitz	16,3	19.17	17
16,2						
	90					
			¥	16,1		
				15,6		
15,0						
	100	*130*				
			Esig	11,3		
			Schmölln (Thür)	10,4	19.22	22
			Zsig	10,3		
			Asig	10,1		
			¥	10,0		
9,0						
	80	*100*				
8,6						
		105				
			Sbk 4102	7,2		24
			Großstöbnitz Hp	6,5		19.25

1	2a	2b	3a	3b	4	5
	80	*105*	- ZF GSM-R -			
			Großstöbnitz Hp	6,5		19.25
6,2						
	90					
4,6			Bksig	4,6		
	50	*50*				
4,3			Abzw Saara	4,3		26
1,1	50			1,1		
			¥	1,0		
0,3			Esig	0,3		
	40					
			❶ 600A	-0,0		
				48,5		
			Lehndorf	48,1	19.29	29
47,9			Asig	47,9		
	120					
47,8			¥, (¥)	47,8		
	120 (100)					
			Bksig	44,4		
43,8			Üst Paditz Hp	43,8		32
	50					
			(¥)	43,7		
			¥	43,6		
			Bksig	42,2		
			Üst Nobitz	42,1		19.34

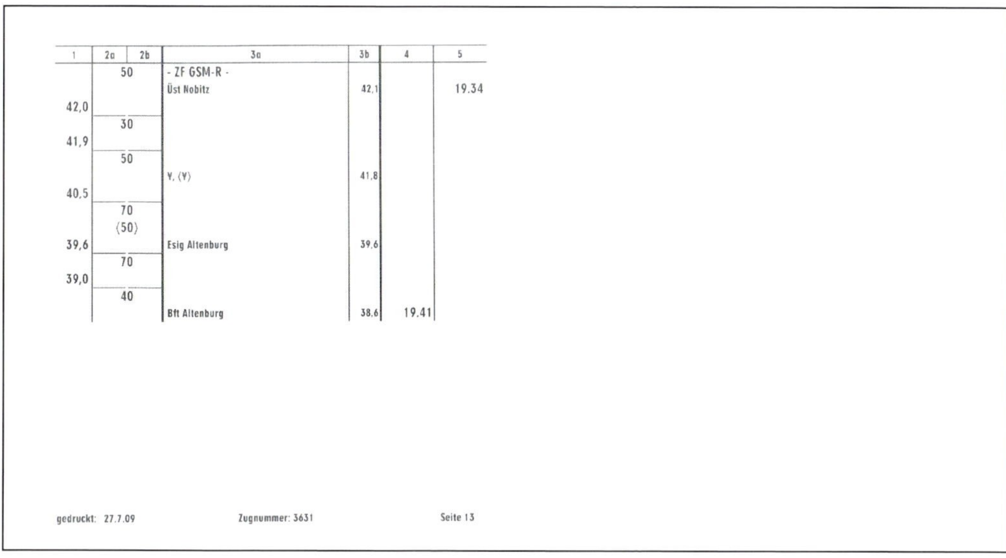

1	2a	2b	3a	3b	4	5
	50		- ZF GSM-R -			
			Üst Nobitz	42,1		19.34
42,0						
	30					
41,9						
	50					
			Y, (Y)	41,8		
40,5						
	70 (50)					
39,6			Esig Altenburg	39,6		
	70					
39,0						
	40					
			Bft Altenburg	38,6	19.41	

gedruckt: 27.7.09 Zugnummer: 3631 Seite 13

»Das ist noch richtige Eisenbahn«, jubelten die Lokomotivführer, denen der Wechsel vom Triebwageneinerlei zu den Lokomotiven der Baureihe 232 eine willkommene Abwechselung ist. Wegen Fahrzeugmangels mietete DB-Regio die Lokomotiven bei DB-Schenker Rail. Der Regionalexpress nach Erfurt Hbf fährt im Einschnitt bei Altenburg, wo erst 2011 die Reste des vormaligen Tunnels beseitigt wurden (2011). Foto: Herberger

Sonderdruck zur LA - Bereich Ost

Inbetriebnahme des ESTW-A Doberlug-Kirchhain ob Bf

gültig vom 17.04.2011, 21.00 Uhr
bis 10.12.2011, 23.59 Uhr

La-Strecke 800: Abzw Selchow Süd - Abzw Glasower Damm Ost – Doberlug Kirchhain ob Bf – RB Grenze km 110,0 - (Dresden)
La-Strecke 810: Abzw Hennersdorf West – Abzw Doberlug-Kirchhain Nord
La-Strecke 820: Doberlug-Kirchhain unt Bf – Doberlug-Kirchhain ob Bf

Inhalt:
Vorbemerkungen
Angaben zur La
Lageplan

Langsamfahrstellen und sonstige betriebliche Besonderheiten sind in der La - Bereich Ost ab 15. Ausgabe enthalten.

Dieser Sonderdruck ist allen Triebfahrzeugführern persönlich auszuhändigen, die die Strecken 800, 810 und 820 befahren!

Sonderdruck der »La« des DB-Netz-Bereichs Ost anlässlich der Inbetriebnahme des elektronischen Stellwerks auf dem oberen Bahnhof in Doberlug-Kirchhain 2011 (Auszug)

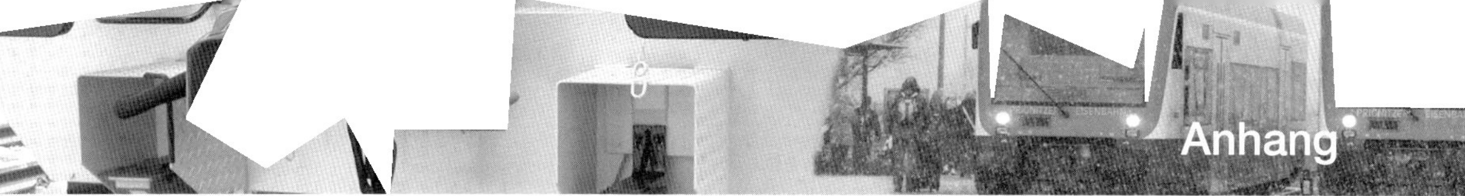

Vorbemerkungen

0. Grundlegendes zur Anmeldung

In dieser La - Anmeldung werden alle, im Stellbereich des ESTW-A Doberlug-Kirchhain ob Bf neu in Betrieb genommenen Signale aufgeführt.
Alle, mit Inbetriebnahme des ESTW-A ungültigen Signale, sind zum Zeitpunkt der Inbetriebnahme außer Betrieb genommen und zurückgebaut bzw. mit Ungültigkeitskreuz versehen.
Auf eine Darstellung der ungültigen Signale in dieser La - Anmeldung wird verzichtet.

1. Allgemeines

Das ESTW-A Doberlug-Kirchhain ob Bf wird ab 17.04.2011 als ESTW-A der UZ Selchow, mit Anbindung an den Steuerbezirk 1 der BZ Berlin, in Betrieb genommen. Die Bedienung erfolgt durch den zuständigen Fahrdienstleiter der BZ Berlin, Steuerbezirk 1.

Der Stellbereich des ESTW-A Doberlug-Kirchhain ob Bf erstreckt sich über den

- Streckenabschnitt von km 97,7 bis km 105,2 der La-Strecke 800
- Streckenabschnitt von km 1,4 bis km 3,1 der La-Strecke 810
- Streckenabschnitt von km 0,5 bis km 1,0 der La-Strecke 820

Die Betriebsstelle Abzw Doberlug-Kirchhain Nord wird als Abzweigstelle außer Betrieb genommen und ist zukünftig als Bahnhofsteil, Bestandteil des Bf Doberlug-Kirchhain ob Bf.

2. Inbetriebnahmestufen

Die Inbetriebnahme des ESTW-A Doberlug-Kirchhain ob Bf (Kennziffer 45) erfolgt in 2 Inbetriebnahmestufen.

2.1 *Inbetriebnahmestufe 1 – am 17.04.2011, 21.00 Uhr*
Die Inbetriebnahmestufe 1 umfasst die Inbetriebnahme des Westteils des Bf Doberlug-Kirchhain ob Bf mit Integration in die ESTW-A der UZ Selchow und Bedienung aus der Betriebszentrale Berlin (Steuerbezirk 1).
Die Stellwerke B1 und W2 Bf Doberlug-Kirchhain ob Bf werden außer Betrieb genommen.
Der Ostteil bleibt bis zur Inbetriebnahme der Stufe 2 gesperrt.

2.2 *Inbetriebnahmestufe 2 – am 25.04.11, 04.00 Uhr*
Diese Inbetriebnahmestufe umfasst die Inbetriebnahme des Ostteils des Bf Doberlug-Kirchhain ob Bf.

3. Gleis – Weichen und Signalbezeichnungen

Im Bf Doberlug-Kirchhain ob Bf ändern sich die Bezeichnungen aller Gleise, Weichen und Signale. Die jeweils ersten beiden Ziffern stellen die Betriebsstellennummer (Kennzahl) des ESTW - Stellbereiches dar.
Das ESTW-A Doberlug-Kirchhain ob Bf erhält die **Kennzahl 45 als abgesetzter Rechner der UZ Selchow** im Steuerbezirk 1 der BZ Berlin.

Alle neuen Gleis-, Weichen- und Signalbezeichnungen können dem beigefügten Lageplan entnommen werden.

2

4. **Bahnübergänge**

Im Stellbereich des ESTW-A Doberlug-Kirchhain ob Bf befinden sich folgende Bahnübergangssicherungsanlagen.

Strecke 800
- BÜ km 99,334 (P 58) - Überwachungsart „ÜS“
- BÜ km 104,865 (P 61) - Überwachungsart „ÜS“

Strecke 820
- BÜ km 0,635 - Überwachungsart „LzH - Hp“

5. **Signalisierungen**

Der Stellbereich des ESTW-A Doberlug-Kirchhain ob Bf wird mit Kombinationssignalen (Ks) ausgerüstet.
Alleinstehende Rangiersignale werden als Lichtsperrsignale mit Signal Hp 0 und Ra 12 in Betrieb genommen.
Die Sperrsignale zeigen bei Zugfahrten Ra 12.
Hauptsignale sind mit Mastschild „weiß - rot - weiß ausgerüstet.
Hauptsignale mit Vorsignalcharakter haben zusätzlich ein Vorsignalmastschild.

Folgende Signale sind mit Ersatzsignal **Zs 1** ausgerüstet:
45P2, 45G, 45N1, 45N2.

Folgende Signale sind mit Vorsichtssignal **Zs 7** ausgerüstet:
45A, 45AA, 45F, 45FF, 45ZR1, 45ZR2, 45ZU1, 45ZU2
45ZV1, 45ZV2, 45ZV3, 45ZV5, , 45ZV17
45ZS1, 45ZS2, 45ZS3, 45ZS5, 45ZS17.

6. **Betriebsweise bei Fahrten im Gegengleis**

Es erfolgen Blockanpassungen zu den benachbarten Betriebsstellen
ohne Einrichtung des „Fahren im Gegengleis mit Signal Zs 6 ständig eingerichtet“
und
ohne Einrichtung des „Fahren im Gegengleis mit Signal Zs 8“.

Betriebsweisen von Doberlug-Kirchhain ob Bf:

Doberlug-Kirchhain ob Bf - Brenitz-Sonnewalde:	Fahren im Gegengleis mit Befehl
Doberlug-Kirchhain ob Bf - Rückersdorf	Fahren im Gegengleis mit Befehl

7. **Zugfunk**

Der Zugfunk im Stellbereich des ESTW-A bleibt unverändert. GSM-R ist in Betrieb.

Strecke 800a Abzw Selchow- Abzw Glasower Damm Ost – Doberlug-Kirchhain ob Bf – RB Grenze km 110,0 – (Dresden)

1	2	3	4	5	6	7	8
	in Betriebsstelle oder zwischen den Betriebsstellen	Ortsangabe	Geschwindigkeit Besonderheiten	Uhrzeit oder betroffene Züge	in Kraft ab	außer Kraft Ab	Gründe und sonstige Angaben
	Doberlug-Kirchhain ob Bf	Evsig 45Va **97,955**	neu	Gilt nur für Regelgleis	17.04. 11 21:00		
	Doberlug-Kirchhain ob Bf	Evsig 45Vaa **97,955**	neu	Gilt nur für Gegengleis	17.04. 11 21:00		
	Doberlug-Kirchhain ob Bf	Esig 45A **99,239**	neu	Gilt nur für Regelgleis	17.04. 11 21:00		
	Doberlug-Kirchhain ob Bf	Esig 45AA **99,239**	neu	Gilt nur für Gegengleis	17.04. 11 21:00		
	Abzw Doberl-Kh Nord	jetzt Bft	Betriebsstelle verändert		17.04. 11 21:00		
	Doberlug-Kirchhain ob Bf	Zvsig 45Vzr2 **100,250**	neu	Gilt nur für dchg Hgl der Gegenri	17.04. 11 21:00		
	Doberlug-Kirchhain ob Bf	Zvsig 45Vzr1 **100,110**	neu	Gilt nur für dchg Hgl	17.04. 11 21:00		
	Doberlug-Kirchhain ob Bf	Zsig 45ZR1 **101,283**	neu	Gilt nur für dchg Hgl	17.04. 11 21:00		
	Doberlug-Kirchhain ob Bf	Zsig 45ZR2 **101,283**	neu	Gilt nur für dchg Hgl der Gegenri	17.04. 11 21:00		
	Doberlug-Kirchhain ob Bf	Lsp 45L401X **101,914**	neu	Gilt nur für dchg Hgl	17.04. 11 21:00		
	Doberlug-Kirchhain ob Bf	Lsp 45L402X **101,940**	neu	Gilt nur für dchg Hgl der Gegenri	17.04. 11 21:00		

1	2	3	4	5	6	7	8
	Doberlug-Kirchhain ob Bf	Avsig 45Vn1 **102,029**	neu	Gilt nur für dchg Hgl	17.04. 11 21:00		
	Doberlug-Kirchhain ob Bf	Avsig 45Vn2 **102,029**	neu	Gilt nur für dchg Hgl der Gegenri	17.04. 11 21:00		
	Doberlug-Kirchhain ob Bf	Zvsig 45VZs1 **102,470**	neu	Gilt nur für dchg Hgl	17.04. 11 21:00		
	Doberlug-Kirchhain ob Bf	Zvsig 45VZs2 **102,470**	neu	Gilt nur für dchg Hgl der Gegenri	17.04. 11 21:00		
	Doberlug-Kirchhain ob Bf	Zsig 45Zs 1 **102,680**	neu	Gilt nur für dchg Hgl	17.04. 11 21:00		
		Zsig 45Zs 3 **102,685**		Gilt nur für nicht dchg Hgl			Formsignal
	Doberlug-Kirchhain ob Bf	Zsig 45Zs 2 **102,696**	neu	Gilt nur für dchg Hgl der Gegenri	17.04. 11 21:00		
		Zsig 45Zs 5 **102,685**		Gilt nur für nicht dchg Hgl			Formsignal
	Doberlug-Kirchhain ob Bf	Ne 5 **102,959**	neu	Gilt nur für dchg Hgl	17.04. 11 21:00		- Zusatzschild 60 m
		Ne 5 **103,027**					- Zusatzschild 130 m
		Ne 5 **103,112**					
	Doberlug-Kirchhain ob Bf	Ne 5 **102,929**	neu	Gilt nur für dchg Hgl der Gegenri	17.04. 11 21:00		- Zusatzschild 60 m
	Doberlug-Kirchhain ob Bf	SFA 45N2 **102,969**	neu	Gilt nur für dchg Hgl der Gegenri	17.04. 11 21:00		Signal links vom Gleis

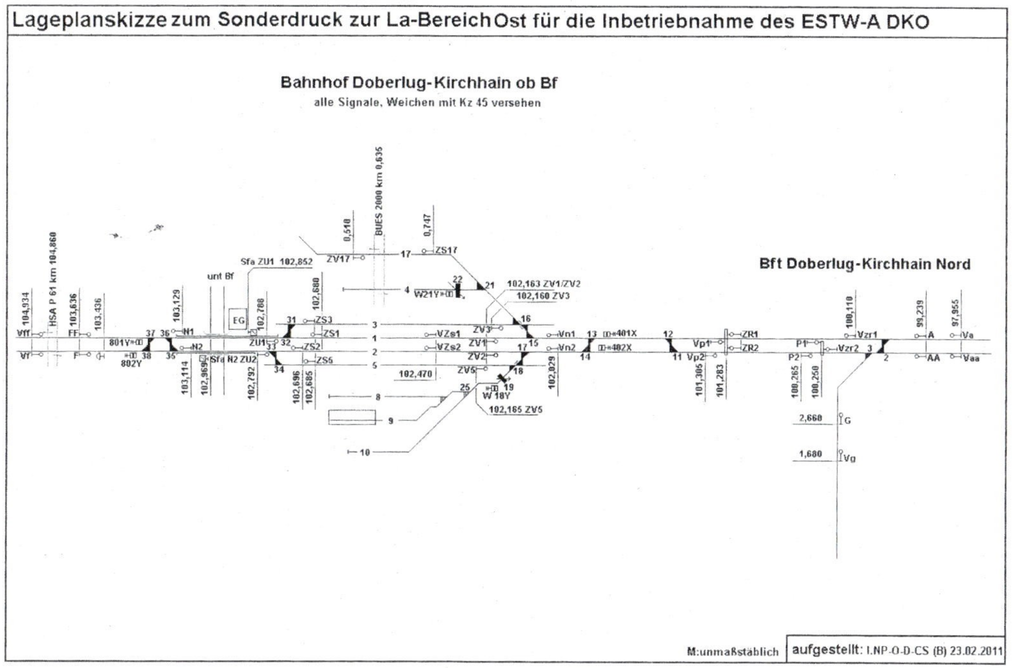

Der Nordkopf des oberen Bahnhofs von Doberlug-Kirchhain mit dem Zentralstellwerk vor dem Umbau (2006). *Foto: Erich Preuß*

DB Fernverkehr AG

F-W 014/2011

Seite 1 von 1

Tf-Weisung

Gültig vom 11.04.2011 bis 21.10.2011

Bauarbeiten auf dem Ost-West-Korridor (OWK)
Strecke Berlin-Hannover

Auftrag „Kürzeste Fahrzeit anstreben"

Im Zeitraum vom **11.04. – 21.10.2011** werden auf der Strecke Berlin - Hannover umfangreiche Baumaßnahmen durchgeführt.

Um die Pünktlichkeit der Züge trotz der Baumaßnahmen zu gewährleisten, gelten während dieses Zeitraumes auf den Streckenabschnitten Berlin Spandau - Abzw. Weddel/Lehrte folgende Vorgaben für Ihre Fahrweise:

→ Streben Sie zwischen den Fahrplanhalten die kürzeste Fahrzeit an, auch wenn Sie dadurch „vor Plan" fahren.

→ Erhalten Sie aufgrund des „vor Plan" Fahrens eine ESF-Fahrempfehlung „Zugkraft abschalten", ist diese zu ignorieren.

Erhalten Sie von der BZ oder dem Fdl über Zugfunk einen hiervon abweichenden Auftrag, gilt dieser.

Hintergrundinformationen:
Die Fahrpläne, der über die Strecke Berlin-Hannover verkehrenden Züge, enthalten über den gesamten Streckenverlauf Fahrzeitzuschläge. Um diese Fahrzeitzuschläge in den von den Baumaßnahmen betroffenen Streckenabschnitten zu nutzen, müssen Sie zwischen den Fahrplanhalten die kürzeste Fahrzeit anstreben und eine ggf. angezeigte ESF-Fahrempfehlung „Zugkraft abschalten" ignorieren.

Diese Weisung gilt für die oben genannte Funktionsgruppe, die Verkehrsleistungen im Auftrag der DB Fernverkehr AG erbringt.

Freigegeben: DB Fernverkehr AG (P.TB EBL) Stephensonstraße 1, 60326 Frankfurt/Main

Name/Datum:

Erstellt:

ETCS bei der Deutschen Bahn

Obwohl die Deutsche Bahn mit der Linienförmigen Zugbeeinflussung ein adäquates System der Zugbeeinflussung für hohe Geschwindigkeiten besitzt, kann sie sich nicht ganz den Forderungen der Europäischen Union entziehen, wenigstens auf den durch Deutschland führenden Transitstrecken (»Korridoren«) das für alle Bahnen verbindliche European Train Control System (ETCS) einzuführen.
Sie muss die Strecken und auch die Fahrzeuge entsprechend ausrüsten, was unter wirtschaftlichen Gesichtspunkten nicht sofort und vollständig möglich ist. Auch die anderen Eisenbahnverkehrsunternehmen widersetzen sich dieser teuren Nachrüstung ihrer Fahrzeuge.
DB-Fernverkehr wird seine Triebfahrzeuge erst nachrüsten, wenn die Linie ETCS benötigt, bei neuen Fahrzeugen wird ETCS das Basis-Zugbeeinflussungssystem sein. 2011 und künftig betrifft das folgende Fahrzeuge:

Baureihe	Anzahl der Triebzüge bzw. Lokomotiven	Davon internationaler Einsatz	ETCS-Ausrüstung
ICE-1	59	19	Ja
ICE-2	44	-	-
ICE-3	50	-	Ja
ICE-3 M	17 (13 + 4)	17	Ja
ICE-T	71 (68 + 3)	71	Ja
ICE-TD	19	13	-
Thalys	2	2	Ja
Baureihe 407	16	16	Ja
ICx	130 (300)	130	Ja
Baureihe 101	145	145	- (5)
Baureihe 120	60	-	-
Baureihe 181	25	25	-

Abb. links: Die »Energiesparende Fahrweise« (ESF) wurde außer Kraft gesetzt, weil die Kapazität der Hochgeschwindigkeitsstrecke Berlin – Oebisfelde und der Ausbaustrecke Oebisfelde – Hannover während der Bauarbeiten beschränkt war.

Nebensignale (Ne), (So - DV 301)	301.1401 Seite 13

* **10 Signal Ne 14 – ETCS-Halt-Tafel (ETCS Stop marker)**

* **(1) Halt für Züge in ETCS-Betriebsart SR.** **Bedeutung**

* (2) Ein gelber Pfeil mit weißem Rand auf einer blauen quadratischen Tafel. **Beschreibung**

*

* (3) Das Signal gilt für das Gleis, auf das der Pfeil weist. **Zugehörigkeit zum Gleis**

*

Ausrichtung des Pfeils bei Anordnung des Signals

links vom Gleis — über dem Gleis — rechts vom Gleis

* (4) Das Signal ist mit der eindeutigen Kennzeichnung der ETCS-Blockstelle versehen. **Kennzeichnung**

*

Gültig ab: 05.06.2011

Das neue Nebensignal musste für Triebfahrzeuge eingeführt werden, die nicht mit ETCS ausgerüstet sind.

Auch DB-Netze passte sich mit einer Ergänzung der Konzern-Richtlinie 301 (Signalbuch) an, indem vom 5. Juni 2011 an ein neues Signal eingeführt wurde: Ne 14, die ETCS-Halt-Tafel (»ETCS Stop marker«).

DB-Netze bemerkte dazu:
»Das Eisenbahn-Bundesamt hat das Signal Ne 14 – ETCS-Halt-Tafel (ETCS stop marker) – als von der ESO abweichendes Signal mit vorübergehender Gültigkeit zugelassen. Die Regel dazu sind im Modul 301.1401 Abschnitt 10 (neu) dargestellt.
Bei der DB Netz AG wird das europäische Zugbeeinflussungssystem ETCS eingeführt. Die Ausrüstung mit ETCS betrifft zunächst die Strecken Saarbrücken – Mannheim (POS), Nürnberg – Ingolstadt – München sowie Berlin – Halle/Leipzig. Die Neubaustrecke Halle/Leipzig – Erfurt – Nürnberg befindet sich im Bau. Hierzu bedarf es auch Regeln für die entsprechenden streckenseitigen Signale, die im Rahmen der Bestimmungen der ESO zunächst als Signale mit vorübergehender Gültigkeit eingeführt werden müssen.
Die deutsche Bezeichnung >ETCS Halt-Tafel< ist nach Abstimmung der DB Netz AG mit der ÖBB Infrastruktur AG und SBB Infrastruktur sowie nach Abstimmung im Ausschuss für Signalanwendungen der DB Netz AG gewählt worden. Es kann somit bereits die Einbeziehung eines Großteils der deutschsprachigen, mit der Gestaltung des ETCS befassten Eisenbahnfachleute festgestellt werden. Der englische Begriff wird der deutschen Übersetzung in Klammern angefügt, damit das Signal für ausländische Triebfahrzeugführer leichter identifizierbar wird. Die betrieblichen Regeln für die Anwendung von ETCS sind im Anhang A zur TSI Verkehrsbetrieb und Verkehrssteuerung (TSI OPE), den >ETCS and GSM-R rules and principles< (künftig >ERTMS Operational Principles and Rules<), beschrieben. Aus diesen europäisch festgelegten und für alle Mitgliedsstaaten verbindlichen Bestimmungen sind die Anwendung und die Signalbedeutung abgeleitet. Für die Übersetzung des Begriffs >SR< ist nach Besprechung der DB Netz AG mit der ÖBB Infrastruktur AG und der SBB Infrastruktur der Begriff >ETCS-Betriebsart SR< gewählt worden.
Im Zuge der Erarbeitung der Regeln wurden Bedenken dahingehend geäußert, dass englische Begriffe im deutschsprachigen Regelwerksbereich für die deutschen Betriebspersonale zu Verständnisschwierigkeiten führen könnten. Dem ist entgegen zu halten, dass eine interoperable Lösung, die auch für den ausländischen Triebfahrzeugführer einfach identifizierbar und damit akzeptabel ist, im Sinne der Harmonisierung der speziellen Betriebsverfahren für ETCS allerdings nicht auf gemeinsam verwendete Begriffe verzichten kann, die zwangsläufig der englischen Sprache entstammen. Ausschlaggebend für die sichere Beherrschung ist hierbei für den deutschsprachigen Anwender die genaue Beschreibung der sich aus den gemeinsam verwendeten englischen Begriffen ergebenden betrieblichen Handlungsweisen in der deutschen Sprache im deutschen Regelwerk. Aufgrund einer solchen Umsetzung im betrieblichen Regelwerk sind englische Sprachkenntnisse nicht erforderlich. Die aus den englischen Originaltexten kommenden Abkürzungen oder Fachbegriffe müssen im Rahmen der Schulung mit ihrer

deutschen Bedeutung erlernt werden. Sie sind damit vergleichbar mit allen anderen im Rahmen von Normen definierten Fachbegriffen. Bei einer solchen Vorgehensweise gibt es weder sicherheitsrelevante Sachargumente noch Alternativen, die gegen die Einführung des Signals Ne 14 mit den vorgeschlagenen und im Kreise der Fachleute bereits abgestimmten Wortlauten sprechen würden.« [30] [31]

Die Firma Siemens testete auf Gleisen der Deutschen Bahn das ETCS-System (2005). Foto: Reiner Preuß

Abb. S. 195: Der Dienstplan des Betriebshofes Leipzig Hbf Süd von 1996 weist für den Dienst 0912 montags bis freitags aus, dass mit der Lokomotive der Baureihe 202 um 3 Uhr die Vorbereitungsstufe »V 1« beginnt (Vhz bedeutet jeweils Vorheizen). Danach wird von Leipzig Hbf Zug 32505 nach Geithain gefahren, zurück Zug 7302, erneut nach Geithain mit Zug 7305, zurück Zug 7306, Abschlussdienst und Gastfahrt mit dem Dienstfahrzeug zum Betriebshof.

Dienstplan des Betriebshofes Leipzig Hbf Süd von 1996

Schichten zum Plan 822 / 03.01.96 - Seite 2 / 02.01.96

Dienst Wochentag	Dienstleistung	Dienstzeit Arbeitszeit
1605 Sa LL 1	LL 1 Gf Dstfz LLD/ BR 143(L)/ (M-V1-K-R-Vhz) LL 14541 LWZ (R)/ # Zug und Lok von Gleis 44/ =P100+50= 00:34-02:52/ (R) 14502 LL/ 14505 LWZ/ 5103 DR/ 5106 LWZ/ 14510 LL (A3)/ LLD Gf Dstfz LL 1 (M)	20:57-08:51 11:15
1608 Sa LL 1	LL 1 Gf Dstfz LLD/ BR 143(L)/ (V3 LL) Tn 14516 LL/ LL 14519 LWZ/ 14520 LL (A3)/ =P100= 13:56-14:32/ BR 143(L)/ (V3 LL) Tn 14522 LL (R)/ (R) 8327 LA/ 32510 LL (R-A1-M)/ LLD Gf Dstfz LL 1 (M)	11:17-20:26 09:09
1609 Sa LL 1	LL 1 Gf Dstfz LLD/ BR 143(L)/ (V3 LL) Tn 14536 LL/ LL 14539 LWZ/ 14540 LL/ 14501 LWZ (R)/ =P100+50= 01:24-04:23/ (R) 5101 DOT/ 5104 LWZ/ 14506 LL/ 14507 LWZ/ 14508 LL/ Tv 14511 LL (A3)/ LLD Gf Dstfz LL 1 (M)	21:12-08:51 10:40
1703 So LL 1	LL 1 Gf Dstfz LLD/ BR 143(L)/ (M-V1) LL 2853 BCS (K-A1)/ =P100+50= 11:16-12:19/ (K) 2752 LL (A2-M)/ LLD Gf Dstfz LL 1 (M)	07:22-16:16 08:53
1705 So LL 1	LL 1 Gf Dstfz LLD/ BR 143(L)/ (M-V1) LL 2639 DH/ =P100+50= 00:19-02:49/ 2638 LL/ Tv 7205 LL (A3)/ LLD Gf Dstfz LL 1 (M)	20:22-06:46 09:39
1801 tgl LL 1	LL 1 Gf Dstfz LLD/ BR 143(L)/ (M-V1) LL 7420 LD (R-M)/ =P100+50= 00:31-03:18/ BR 143(L)/ (V1) 7401 LL/ Tv 1949 LL (A3)/ LLD Gf Dstfz LL 1 (M)	20:57-07:41 09:51
1807 tgl LL 1	LL 1 Gf Dstfz LLD/ BR 112.1(B)/ (V3 LL) Tn 813 LL (R)/ LL 2014 BLO (A3)/ =P100+50= 14:59-16:54/ (V3 BLO) 2017 LL (R-A1-M)/ LLD Gf Dstfz LL 1 (M)	11:02-21:31 10:02
1900 Mo-Fr LL 1	LL 1 Gf Dstfz LLD/ BR 143(L)/ (V3 LL) LL 1949 DH/ =P100= 09:42-10:24/ 558 LL (A3)/ LLD Gf Dstfz LL 1 (M)/ =P100+0= 13:16-15:02/ BR 202(L)/ (V1) LL 8287 LGH (K-K)/ 8288 LL (A3)/ LLD Gf Dstfz LL 1 (M)	06:47-18:41 11:08
1902 Mo-Fr LL 1	LL 1 Gf Dstfz LLD/ BR 143(L)/ (V3 LL) LL 657 DH/ =P100= 12:07-13:07/ 2732 LL/ Tv 4373 LL (A3)/ =P0= 17:12-18:23/ BR 202(L)/ (V3 LL) Tn 8288 LL (A1-M)	08:32-19:31 09:48
1903 Mo-Fr LL 1	LL 1 Gf Dstfz LLD/ BR 143(L)/ (V1-R-Vhz) LL 14523 LWZ/ # 14523 aus Bez.10/ 14524 LL/ 14555 LWZ/ 14556 LL/ =P100= 17:12-17:42/ 14531 LWZ/ 14532 LL/ 14535 LWZ/ 14536 LL (A3)/ LLD Gf Dstfz LL 1 (M)	12:47-22:06 09:19
1904 Mo-Fr LL 1	LL 1 Gf Dstfz LLD/ BR 143(L)/ (M-V1) LL 32701 LWZ/ 8293 DR (R-A2)/ # Lok bleibt stehen bis 67874/ =P100= 08:12-08:42/ BR 143(L)/ (V3 8293 DR) Tn 5105 DR/ 5108 LWZ/ 14514 LL/ =P100= 10:40-11:10/ 14517 LWZ/ 5109 DR/ 5112 LWZ/ 14522 LL (A3)/ LLD Gf Dstfz LL 1 (M)	03:27-14:51 11:24
1905 Mo-Fr LL 1	LL 1 Gf Dstfz LLD/ BR 143(L)/ (V3 LL) Tn 14510 LL/ LL 14513 LWZ/ 5107 DR (A3)/ =P100+50= 10:51-12:06/ BR 143(L)/ (V1-K-L) 67874 DRRW (R)/ Lz 16982 DR/ (K) 4982 BEB/ 4983 DR/ 8294 LWZ/ 32702 LL (R-A1-M)/ LLD Gf Dstfz LL 1 (M)	08:07-19:46 11:32

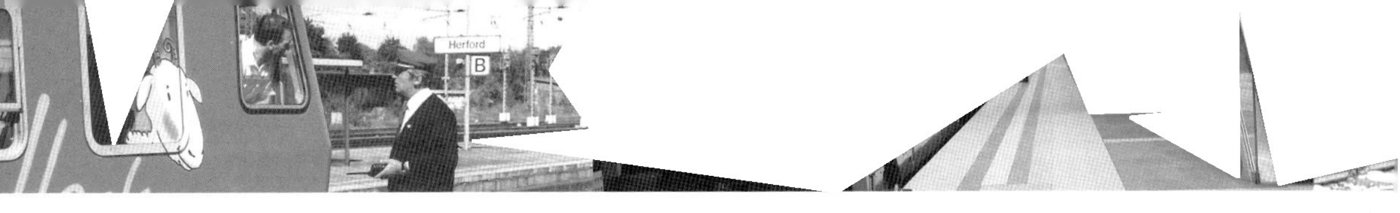

Deutsche Reichsbahn
Bw Altenburg
Est
Gültig ab 27. Mai 1990

Triebfahrzeug Umlauf *)
Dienstplan-Nr. 02 *)

Triebfahrzeugbe[...]
davon für Zug[...]
Personalbedarf: [...]
davon für Zug[...]

▬▬▬	Zugdienst
▭	Rangierdienst
/\/\/\	Bereitschaftsdienst
OOOOOO	Leerfahrt (Lz)
[- - - -]	Vorheizen mit Zuglok
XXXXXX	Reisezeit für Fahrgastfahrt
– – | – – (26)	Vorbereitungs- u. Abschlußdienst mit Angabe von Beginn u. Ende
– – | |_ – – (13 53)	Beginn u. Ende der Ruhe außerhalb des Heimatortes bzw. der Arbeitspause
VL	Vorspannlo[k]
SL	Schiebelok
Vlz	Leerfahrt a[...]
Slz	Leerfahrt a[...]
Zlz	Leerfahrt a[...]

Tag | 0 1 2 3 4 5 6 7 8 9 10 11 12 13 14 15

118: 63654 Mw 63661 Al (5, 36, 42) — 8070 Ge (9, 46) — T — 60465 Wü 57390 Wd Lzz Wü (44, 6, 57, 11, 13, 23) — 67416 Ge (34, 12) — 8075 Al (15, 3[...])

118: Lzz 63651 Mw Lzz 101 63656 Trö Lzz 101 (40, 13, 18, 30, 58, 33, 45, 50) — Lzz 15611 Al (31, 38) — 63645 Bei (20, 32) — 63646 Al (16, 37) — 72 652 Trö 72 653 (35, 45, 24, 3[...])

118: Al — 9072 Sp (22, 9) — 9071 Al (39, 24) — T — 9074 Sp (23, 10) — 9073 Al (37, 18)

Ruhe

3/4: 63654 Mw 63661 Al (5, 36, 42, 0, 20)

Ruhe

8070 Ge (20, 9, 46) — T (50) — 60465 Wü SL 57390 Wd Lzz Wü 101 (0, 46, 4, 57, 11, [...]) — 67416 Ge (49, 23) — 8075 Al (18, 3[...])

Ruhe

4/5: 63661 Mw 101 Lzz 63656 Trö 101 Lzz 22 15611 Al (40, 13, 58, 33, 31, 38, 30)

Ruhe

63645 Bei (20, 20, 32) — 63646 Al (16, 37) — 72 652 Trö 7[...] 65[...] (35, 45, 24, 3[...])

5/6: (30, 10, 30) 9072 Sp (22, 9) — 9071 Al (37, 24, 0)

3 Triebfahrzeuge der Baureihe: 118.6
3 , Rgd: , Bereitschaft:
Tfz-Führer und – Heizer/Beimänner
12 / – Rgd: – / – Bereitschaft: – / –

...ce
...uß
...n Zugspitze

Behandlungsarten:
Zur Kennzeichnung der Behandlung und Wartung der Tfz sind die Kennzeichen gemäß Anhang V der DR 938 zu verwenden.

17	18	19	20	21	22	23	24	Tag
28 Zi 18	15629 Al 45	42		432 Ro	57601 Zi 22	25		02
			9076 Sp 24	8	9079 Al 39	22		02
3118 Trö 40	58686 Al 8	2				63654 9		02
								1
	15629 Al 10 38	42	9 30 40	422 Ro 50	57601 Zi 22	25		4/5
								7
								10
								2
		10	9076 Sp		9079 Al			5/6
								8
								11
3118 Trö 40	58686 Al 8	2				63654 9		3/4
								6

Der Triebfahrzeug-Umlauf- und Dienstplan von 1990 sah, wie man den Kopfspalten entnehmen kann, drei Lokomotiven der Baureihe 118.6 und zwölf Lokomotivführer vor. In grafischer Form kann man die Einsätze der Lokomotiven und anschließend die Ruhe- und Arbeitstage des Personals ablesen. Die Dienstplangestaltung soll ausgeglichene Arbeitszeit am Tage und in der Nacht vorsehen.

Herford
B
DB

Das kommt auch mal vor, wenn eine Weichenzunge bricht (2009). Entgleist ist im Leipziger Hauptbahnhof die Lokomotive 143 831 mit dem Zug 9108, der S-Bahn von Borna.

Foto: Herberger

Was früher bei der Relaistechnik der Stellwerke schon möglich war, wurde mit den elektronischen Stellwerken im großen Stil eingeführt: der Gleiswechselbetrieb. So erlebt der Lokomotivführer immer öfter Parallelfahrten, wie am 27. März 2011 mehrmals solche »Wettfahrten« zwischen Wurzen und Oschatz.
Foto: Herberger

Abb. S. 201 unten: Schichtablösung auf dem Hauptbahnhof von Bayreuth (2006). Die Neigetriebwagen des Typs »Pendolino«, Baureihe 610, verkürzten die Fahrzeiten von und nach Nürnberg erheblich. Die nachfolgenden Bauarten von Neigezügen, Baureihen 611, 612 und ICE-T, fielen dagegen durch wiederholte technische Ausfälle auf. *Foto: Erich Preuß*

Dem Lokomotivführer des Intercitys wird der Gleiswechsel durch Signal Zs 7, dem Gegengleisanzeiger, angezeigt, dass der Fahrweg in das Streckengleis Neustadt (Weinstraße) – Schifferstadt entgegen der gewöhnlichen Fahrtrichtung führt. *Foto: Erich Preuß*

In Senftenberg (2009): Das Warten auf die Leistung bzw. die Züge ist das Schicksal der Güterzuglokomotiven und deren Führer. *Foto: Erich Preuß*

Das Bild der Lokomotiven ist bunter geworden, seitdem in Deutschland überall verschiedene Unternehmen unterwegs sind, und manche alte Bekannte unter den Lokomotiven sieht man wieder. In Sedlitz Ost (2009) und in Thyrow (2008). *Fotos: Erich Preuß und Emersleben*

Noch steht ein Rangierleiter, der »Bahnsteigpfeifer«, neben der kleinen Rangierlokomotive. Dann wurde er zum Rangierbegleiter, und schließlich kuppelt der Lokomotivführer selbst und bleibt allein. In Cottbus (2001). *Foto: Erich Preuß*

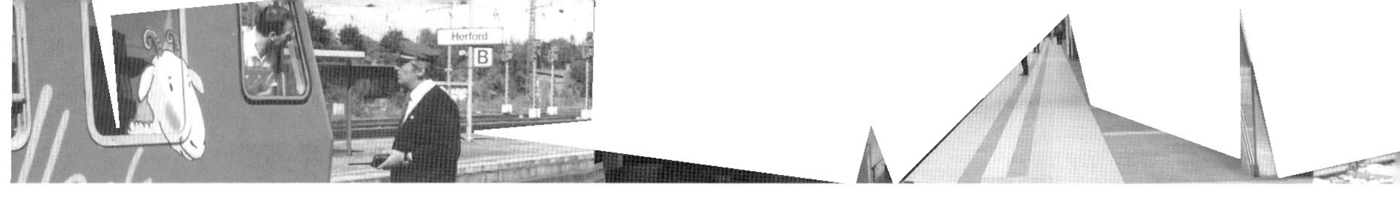

Abkürzungen

AEG	Allgemeines Eisenbahngesetz
Betra	Betriebs- und Bauanweisung
Bfpl	Buchfahrplan
DB	Deutsche Bahn AG
EBO	Eisenbahn-Bau- und Betriebsordnung
EBuLa	Elektronischer Buchfahrplan und La
EBV	Verordnung über die Bestellung und Bestätigung sowie die Aufgaben und Befugnisse von Betriebsleitern für Eisenbahnen (Eisenbahnbetriebsleiterverordnung)
EdB	Eisenbahnen des Bundes
Ef	Eisenbahnfahrzeugführer
EIU	Eisenbahninfrastrukturunternehmen
ESO	Eisenbahn-Signalordnung
EVG	Eisenbahner-Verkehrsgewerkschaft
EVU	Eisenbahnverkehrsunternehmen
Fdl	Fahrdienstleiter
FV-DB	Konzern-Richtlinie der Deutschen Bahn 408.01-09 »Züge fahren und Rangieren«
FV-NE	Fahrdienstvorschrift für Nichtbundeseigene Eisenbahnen
FztH	Fahrzeitenheft
GDL	Gewerkschaft Deutscher Lokomotivführer
GeH	Geschwindigkeitsheft
GNT	Geschwindigkeitsüberwachung für Neitechzüge
GSM-R	Global System for Mobile Communications - Rail (digitales Zugfunksystem)
Hl-Signal	Hl-Signalsystem (Lichthaupt- und Lichtvorsignal; ehemalige Deutsche Reichsbahn)
HV-Signal	HV-Signalsystem (Lichthaupt- und Lichtvorsignal; ehemalige Deutsche Bundesbahn)
KoRil	Konzernrichtlinie
Ks-Signal	Ks-Signalsystem (Kombinationssignale)
La	Zusammenstellung der vorübergehenden Langsamfahrstellen und anderen Besonderheiten
LZB	Linienzugbeeinflussung
Mbr	Mindestbremshunderstel
NBÜ	Notbremsüberbrückung
NL	Niederlassung
ÖBB	Österreichische Bundesbahnen
ÖRil Zp	Örtliche Richtlinien für das Zugpersonal (im Bereich der DB Netz AG)
PZB	Punktförmige Zugbeeinflussung

Ril	Richtlinie
SbV-NE	Sammlung betrieblicher Vorschriften - Nichtbundeseigene Eisenbahnen
Sk-Signal	Sk-Signalsystem (Signalkombination)
SNB	Schienennetz-Benutzungsbedingungen
SZB	Signalisierter Zugleitbetrieb
TEE	Trans-Europ-Express
TEEM	Trans Europ Express Marchandises
Tfz	Triebfahrzeug
ZLB	Zugleitbetrieb

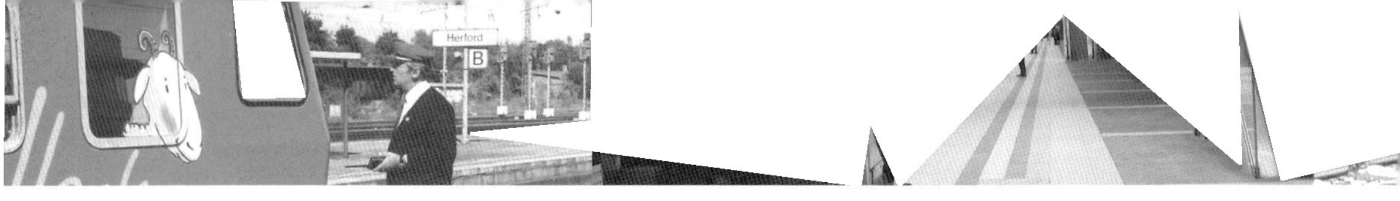

Literatur- und Quellenverzeichnis

[1] Mutterseelenallein auf der Strecke. In: Frankfurter Allgemeine Zeitung vom 18. Februar 1985

[2] Paragraf 45 der Eisenbahn-Bau- und Betriebsordnung (EBO) vom 8. Mai 1967

[3] Eisenbahnpraxis, Berlin 1975, S. 24

[4] Karl-Heinz Freund in: Fahrt frei, Berlin, 33/1964

[5] Konzernrichtlinie 492 der Deutschen Bahn: Triebfahrzeuge führen

[6] Presseinformation der Deutschen Bahn und des Verbandes Deutscher Verkehrsunternehmen vom 13. Juni 2001; Jürgen Bedau: Der Triebfahrzeugführerschein ist da. In: Deine Bahn, Mainz 9/2001

[7] Konzernrichtlinie 492.0755 der Deutschen Bahn: Triebfahrzeuge führen: Streckenkenntnis-Richtlinie, gültig vom 11. Dezember 2005 an

[8] Peter Naumann, Jörn Pachl: Leit- und Sicherungstechnik im Bahnbetrieb, Hamburg 2002

[9] Klaus Anker: Neues in Sachen EBuLa. In: Bahn-Report, Chemnitz 4/2009

[10] Verband Deutscher Verkehrsunternehmen, Schrift 755, Anlage 1

[11] Bildung bei der Deutschen Bahn AG: Weiterentwicklung der Aus- und Fortbildung zum Lok/Triebfahrzeugführer seit 1994, Berlin 2011

[12] Dieter Fuchs: Lokführertraining mit Fahrsimulator. In: Bahn-Praxis, Mainz 8/1996

[13] Erich Preuß: Eisenbahner. Ein Traumberuf im Wandel der Zeiten, München 2000

[14] Bundesministerium für Verkehr, Bau und Stadtentwicklung: Erster Bericht zum Eisenbahn-Betriebsunfall am 29. 01. 2011 bei Hordorf, ohne Datum

[15] Terry Lansdown, Andrew Parkes: Driver error ist a system error. In »Rail Bulletin«, Paris 2/2000

[16] Thilo Bode: Vorne ist kein Platz für Schienenküsser. In: »Die Zeit«, 4. August 1989

[17] Praxis-Report, Frankurt am Main 7/1994

[18] Schlussbericht der Unfalluntersuchungsstelle Bahnen und Schiffe, Bern, vom 23. Juli 2010 und Neue Zürcher Zeitung online vom 7. März 2011

[19] Berliner Zeitung vom 17. Dezember 2004

[20] DB-Schenker: Weisung BW-C-008/2011

[21] Verspätungen vor 25 Jahren – und heute. In: Die DB vor 25 Jahren 1978, Freiburg 2003

[22] EBO Paragraf 45 Absatz 7 und Uwe Lademann: Abfertigungsverfahren von Zügen der DB Regio AG. In: Bahn-Praxis, Mainz 8/2002

[23] BVerwG 2 C 11.04 – Urteil vom 3. März 2005

[24] DB-Training, Learning & Consulting: Ausbildung, Prüfung und Fortbildung von Eisenbahnfahrzeugführern, Fulda 2011

[25] Abendzeitung München vom 21. September 2000

[26] Rheinische Post, Düsseldorf, vom 8. Juli 2011

[27] Bericht der Untersuchungszentrale der Eisenbahn-Unfalluntersuchungsstelle des Bundes, Berlin 2011

[28] Sächsische Zeitung, Dresden am 2 Juli 2011

[29] Deutsche Bahn, Training, Learning & Cosulting, Fulda 2011: Ausbildung, Prüfung und Fortbildung von Eisenbahnfahrzeugführern

[30] Christoph Gralla: Einführung des ETCS-Systems bei DB-Fernverkehr. In: Deine Bahn, Berlin 6/2011

[31] Bekanntgabe 4 zur Richtlinie 301 der Deutschen Bahn vom 5. Juni 2011